이 책은 일본 가고시마 발효 예술여행 기록입니다.
2019년 3월 18일 - 3월 22일

"가고 싶으면 가고시마"
라는 아재 개그를 뒤로하고 우리는 '발효'의 고장
규슈 최남단 가고시마로 떠났다.

발효 예술 기행은
*위더스위즈덤센터(with us wisdom centre, 이하 위즈덤)의 독특한 프로그램이다.

발효 관련 기업 및 장인을 찾아가는 탐방 여행과 예술 작품의 감상이나 예술가와의 만남을 통한 예술적 체험 여행을 결합한 형태이다. 산업 시찰과 유사한 견학 여행 방식에서 벗어나 자유롭게 상상하고, 방문하는 지역의 문화와 사람들의 살아가는 모습 속에서 우리가 살아갈 방향과 미래에 대한 영감을 얻고자 하는 목적으로 기획되었다.

2018년 개설된 프로그램으로, 첫해에는 오사카 일대의 발효 공방과 예술의 섬 나오시마를 탐방하였다.

올해는 흑초와 고구마 소주로 잘 알려진 발효의 고장 규슈 지방 가고시마 현의 흑초를 보고 술, 장류 발효 공방들과 정부 지원 없이 자력으로 농촌 마을 재생에 성공한 야네단마을, 시립미술관에서 현대미술의 모습을 둘러보았다.

*위더스위즈덤센터(with us wisdom centre) : 비영리 재능 나눔 단체. 서울 서대문구 홍제동에 위치. 사람책 도서관이란 테마로 각자 가지고 있는 지혜와 지식을 나눔 하는 곳이다. 연간 100회 이상 지혜를 나누는 교육과 만남이 센터에서 이루어지고 있다.
http://cafe.daum.net/withuscentre

함께 하신 분들은

정일윤 대표님과 이유진 공동대표, 파주 구본일 발효의 구본일, 이선근 선생님, 통역과 여행 일정을 진행해 주신 세이코저팬 한국지사 전예원 선생님, 남해 보물초 김두엽 대표님과 김덕업 선생님, 고창 (영)토굴된장의 김희순 선생님, 고창에서 그림 그리는 女자 김영숙 작가, 이영미 선생님, 정혜숙 선생님, 판교 비네퓨어 송영미 대표, 공주에서 꽃차 만드는 옥이~ 정병옥 선생님, 홍천 자올방(천연 화장품 공방) 박은희 대표, 음식하는 女자 박은미 셰프, 술 빚는 女자 김수지 선생님, 남해 김재상 교수님, 양주 단비 김영희 선생님 그리고 진행을 맡은 소리 이준호

총 19명의 위더스 회원들이 동행했다.

Illustrated by 이유진

기내 창문으로 보이는 가고시마 섬

미야자키현

4박 5일의 여정은
일본 최남단에 있는 규슈 지방
가고시마현을 둘러보는 것이다.
여행은 사쿠라지마 화산섬을 꼭짓점으로
가고시마 현을 한 바퀴 도는 일정이다.
다양한 곳을 방문하기 위해서는
이동 시간을 줄이는 것이 필요하기 때문이다.

〈큐슈지방 전도〉

전체일정

3월 18일(월)
14시 45분 : 인천공항 제1 출국장
16시 35분 : 가고시마 공항 도착
숙소 : 호텔 기리시마 캐슬

3월 19일(화)
1. 기리시마 아트의 숲
2. 가쿠이다 후쿠야마 흑초 정보관 견학, 레스토랑
3. 후쿠야마 식초 공장 견학
4. 야네단마을 강연, 식사
숙소 : 아시아 태평양 농촌 연수 센터

3월 20일(수)
5. 일본 전통문화 체험
6. 아시아 태평양 전통 문화관 관람
7. 이부스키 온천 검은 모래찜질
숙소 : 이부스키 씨사이드호텔

3월 21일(목)
8. 마르스 츠누키 증류소(위스키) 고구마 소주 제조 견학
9. 메이지구라 양조장
10. 무쌍 양조장
11. 사츠마아게 체험, 시식(어묵)
12. 야타이무라(일본 포장마차 거리) 방문
숙소 : 가고시마시 호텔 타이세이

3월 22일(금)
13. 후지야스양조(된장, 간장)
14. 가고시마시립 미술관
15. 사카모토 흑초 정보관 견학

17시 30분 : 가고시마 출발
19시 35분 : 인천공항 도착

재주 많고 다정다감한 동생 김두엽과 통찰력 있는 혜안을 지닌 시크한 언니 김덕엽은 보물섬 남해군에서 정직하고 건강한 식초, 보물초를 만들어 나눔 하고 있다.
특히 김두엽 선생님은 수지침으로 나눔과 교육 활동을 수 해 동안 하고 계시고, 김덕엽 선생님은 그런 동생의 가장 큰 지원자이며 지지자이시다.
두 분은 여행 내내 환상적인 조합을 보여 주시며 일행들에게 깨알 같은 재미를 선물하셨다.

2019년 3월 18일

———————— 월요일

어떤 경우든 여행은 상상만으로도 설렌다.
아니 어쩌면 상상하는 그 순간이 결정적 순간일지도 모른다.
내가 여행 기획을 즐기는 이유다.

미지와의 조우를 상상하는 것, 이것이야말로 여행의 참 즐거움이다.
그래서인지 익숙한 것을 지겹도록 사랑하는 반면
아이러니하게도 '생경하다'라는 단어를 좋아한다.

조금은 까슬까슬하고,
조금은 불편하고,
조금은 두려운…

나는 여행은 낯섦을 즐거운 마음으로 받아들이는 일이라고 정의한다.

가깝기도 해라...
비행기에 탑승한 지 1시간 30분이 채 되지 않아 가고시마 공항에 도착했다.

가고시마 공항은 규모가 그리 크지 않는 전형적인 소도시 공항이다.
소박하지만 단정한 모습, 곳곳에 보이는 캐릭터가 이곳이 일본임을 알려 준다.

가고시마는 지리적으로 규슈 남부에 외따로 있지만, 규슈 신칸센 개통으로 다른 지역과 왕래가 상당히 편해졌다. 가고시마 공항에서는 인천국제공항, 대구국제공항까지 직항 노선이 운행 중이다. 원래는 대한항공 독점이었으나, 2010년대 후반부터 이스타항공, 제주항공, 티웨이항공이 취항해서 저렴하게 갈 수 있어서 여행지로 점점 인지도가 높아지고 있다.

시간적인 여유가 있다면 규슈 전체를 돌아보는 여행의 출발지나 기착지로도 좋은 곳이다. 규슈 최대의 도시인 후쿠오카 공항으로 입국해서 최남단인 가고시마 공항에서 출국하는 것도 하나의 방법이다.

가고시마 공항의 면세점은 소소하다 못해 사실상 없다고 봐도 되는 수준이다. 참고로 일본은 국내 교통비가 비싸기에 신칸센 타고 가면 국내선 비행기를 타는 것보다 더 비쌀 가능성이 높다.

간단한 입국 심사를 끝내고 가고시마 공항 출입국장에 나서자 멀리 오사카에서 일부러 와 주신 일본 여행사 후쿠다 카즈야(福田和也) 사장님이 반갑게 맞아 준다. 작년 오사카와 나오시마 섬을 방문할 때 함께 하셨던 그분이다. 굳이 오지 않아도 될 일을 일부러 먼 길 와서 반겨 주는 마음이 고맙다.

여기서부터는 위더스 회원이며 세이코저팬 한국지사 전예원 선생님이 수고를 하실 차례다. 나는 일본어 장착이 안 되어 있는 유닛이라 그렇다.

전예원 선생님은 일본 유리병 회사인 Seiko Japan의 한국 지사를 맡고 계신다. 일본으로 유학을 갔다 재일교포 3세를 만나 결혼해서 오사카 인근에서 산다. 세이코에 취직해서 해외 사업부에 근무하다 한국 시장 개척을 위해 4년여 전부터 한국과 일본을 오가며 생활하고 있다.

일 처리의 원칙이 명확하고 분명하지만 정이 넘치는 성격으로 한국지사를 잘 이끌고 계신다. 바쁜 일정임에도 작년부터 위더스의 사람책 여행에 참여하시며 일본 발효 예술 기행을 책임져 주고 있다. 세이코저팬 사장님의 전폭적인 지지와 신뢰가 없다면 불가능한 일이다. 지면을 빌어 감사의 마음을 전한다.

열아홉의 일행을 안내하는 일은 생각보다 힘들다.

항상 생경함과 익숙함의 차이에서 비롯된 불일치가 문제 되기 때문이다. 아주 가까운 지인들의 경우도 간혹 극한의 대립으로 발전, 두 번 다시 함께 여행하지 않겠다는 맹세하는 일들도 종종 발생한다.

다수가 함께하는 여행들은 일정한 패턴이 있는 것 같다. 서로 서로를 여행의 동반자로 받아들이기까지 필요한 최소한의 시간이 필요하다는 것과 최소한 그 시간 동안은 아이러니하게도 별다른 문제가 생기지 않는다는 것이다. 여행지에 대한 막연한 기대감과 두려움, 함께 하는 사람들에 대한 경계와 호기심이 공존하는 시간이기 때문이다.

이런 생경함들이 익숙함으로 바뀌면- 경험상으로는 2~3일 정도가 걸린다-내 몸이 기억하는 익숙함 들을 떠올리게 되고 찾게 된다. 분쟁의 시작점이다. 오랜 세월 몸에 밴 습관들이 아우성친다. 애당초 개개인의 이런 익숙함 들을 모두 배려하기란 불가능하다. 여행사의 단체 여행이 철저하게 패키지화되는 이유이기도 하다.

위더스의 사람책 여행을 기획하면서 가장 많이 고려하는 부분 이 지점이다. 인원 모집과 방 배치, 숙소 결정, 여행 동선 구성 등을 결정할 때 함께 하는 분들이 최대한 편안하게 상황을 즐길 수 있도록 노력하는 것이다.

그리고 반드시 사전 오리엔테이션 시간을 가진다. 여행지에 대한 사전 지식을 전하는 것도 중요하지만 무엇보다 서로의 경계를 낮게 하여 다름을 인정하고, 배려하는 마음을 갖도록 하기 위함이다.

너무도 당연한 이야기겠지만 사람과 사람은 직접 만나서 소통해야 한다. 서로의 모습을 보고, 분위기를 느끼고, 다양한 방식의 접촉을 통해 상대를 내게 새겨 넣는 과정이 필요하다. 다소 동물적인 과정을 통해 -원래 우리도 동물 중의 하나였다- 우리는 상대를 입체적으로 인식하게 된다.

첫날 숙소는 자연휴양림과 온천지역으로 알려진 기리시마시 마루오지역에 있는 기리시마캐슬온천 호텔이다.

대중교통 편을 이용하고자 한다면,
가고시마공항 -〉 JR 기리시마진 구역 -〉 마루오 지역 가는 버스(30분) -〉 삼거리에서 하차 편의점에서 캐슬호텔 가는 방향 물어보고 -〉 도보로 3분
Hotel Kirishima Castle 0995-78-2211
http://www.hmi-ryokan.jp/castle
가고시마공항에서 버스로 30분 거리

가고시마공항에서 첫날 숙소인 기리시마시 온천호텔로 미리 준비된 버스를 타고 이동하였다. 호텔 입구에 세워진 조형물에서 코믹한 사진을 찍는다.

곳곳에 세워진 이런 조형물들은 관광객에게는 매우 즐거운 놀이터이다. 그 지역을 기억하는데 이만한 게 없기 때문이다. 누군가 그랬던가 남는 것은 사진뿐이라고...

가고시마에 오면 제일 많이 만나게 되는 인물이 있는데 그는 사이고 다카모리(西鄕隆盛, 정치가, 1827~1877년)라는 사람이다. 메이지 유신을 성공하게 하는데 가장 크게 기여한 사람 3명을 일본에선 유신삼걸이라고 하는데 기도 다카요시, 사이고 다카모리, 오오쿠보 도시미치가 그들이다.

지금의 가고시마현 지역은 과거 사쓰마 번이라는 지역으로 메이지 유신의 주축 세력 중 하나로 등장했고 그 주역이 사이고 다카모리와 오오쿠보 도시미치다. 이들 둘은 메이지유신 혁명 성공 이후 주도적으로 일본 근대 국가의 형성을 진행하였으나 조선을 정벌하자던 정한론을 주장했던 사이고 다카모리의 실각 이후 각기 다른 길을 가게 된다. 낙향한 사이고 다카모리는 사무라이 정신의 계승과 지방 권력의 유지를 강조하였다. 중앙정부 중심의 개혁과 개방 일변도의 메이지유신 세력과 충돌하게 되어 결국 메이지유신 최후의 전쟁이 된 세이난전쟁 (톰 크루즈 주연의 영화 '라스트 사무라이 The Last Samurai'의 배경)에서 패배 후 자결한 인물이다. 오오쿠보 도시미치도 그 이듬해 암살당한다.

일본 역사에서 메이지유신(明治維新: Meiji Restoration)은 매우 특별한 의미가 있다. 간략히 요약하면 막부 말기인 1850년대 즈음 통상수교거부 정책을 하던 일본은 미국과 서구 열강의 요구에 결국 개항을 하게 된다. 불평등한 조약 등으로 인한 급속한 서구 문물과 물자의 유입으로 하층민들의 삶은 더욱 피폐해졌고 사회적 혼란은 극심해졌다. 이에 외세배격 운동이 발생하는데 바로 메이지유신의 시작이다. 도쿠가와 쇼군으로 대표되는 막부 지배체제에 대항하여 정신적으로는 천황 중심, 사회경제적으로는 일본 중심의 근대화를 주장하는 혁명으로 오늘날 일본의 뿌리를 만든 역사적 사건이라고 할 수 있다. 특히 주도 세력이 사카모토 료마와 같은 20대와 30대 초반의 젊은 정치인들과 사쓰마 번과 조슈 번과 같은 지방 세력이었다고 한다.

이곳 가고시마에서는 사이고 다카모리의 흔적을 곳곳에서 볼 수 있다. 좀 과할 정도로 많았는데 유적지는 물론이고 각종 상품과 기념품의 캐릭터로 활용되고 있다. 우리나라에서 역사적 인물을 약간 희화화해서 상품의 캐릭터로 사용한다면 어떤 반응일까 생각해 보았다. 문화적 차이가 크다는 생각이 들었다.

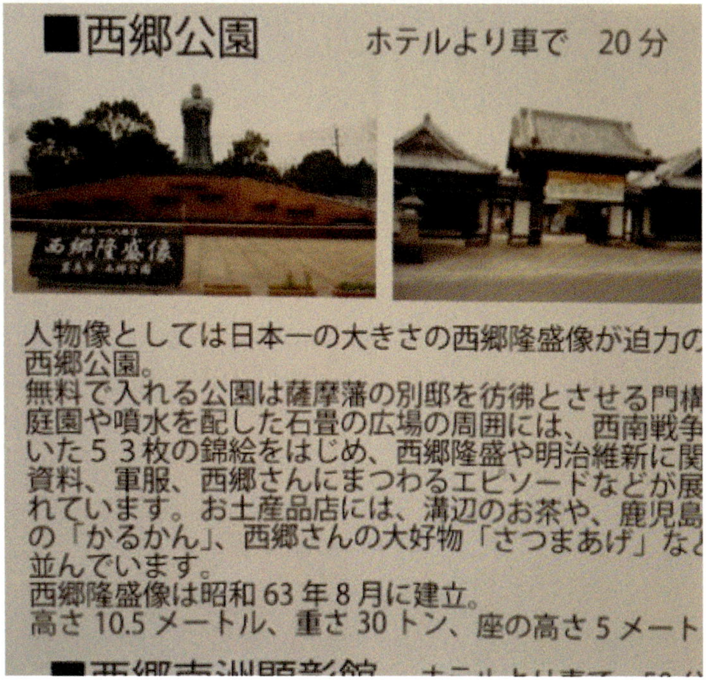

■西郷公園 ホテルより車で 20分

人物像としては日本一の大きさの西郷隆盛像が迫力の西郷公園。
無料で入れる公園は薩摩藩の別邸を彷彿とさせる門構庭園や噴水を配した石畳の広場の周囲には、西南戦争いた53枚の錦絵をはじめ、西郷隆盛や明治維新に関資料、軍服、西郷さんにまつわるエピソードなどが展れています。お土産品店には、溝辺のお茶や、鹿児島の「かるかん」、西郷さんの大好物「さつまあげ」な並んでいます。
西郷隆盛像は昭和63年8月に建立。
高さ10.5メートル、重さ30トン、座の高さ5メート

기리시마 야쿠 국립공원 내의 고지대에 있는 8층 높이의 온천 호텔로 특급호텔처럼 화려하거나 부대시설이 잘 갖춰진 곳이 아니나 낡았지만 깨끗하고 정감 있는 일본의 전형적인 온천 호텔이다. 방은 생각보다 크고 다다미방과 침대방이 분리되어 있다. 다다미방에는 차를 마실 수 있도록 다기와 과자가 준비되어 있고, 온천욕장을 이용할 수 있도록 유카타와 게타도 비치되어 있다.

날이 좋으면 활화산 섬인 사쿠라지마 조망이 가능하다. 넓은 객실과 숲 속에 있는 노천온천 대욕장이 좋다. 기리시마의 온천수는 효능도 좋지만, 무엇보다 유량이 풍부하여 대욕장은 모두 큼직하게 설계가 되어 있다.

늦은 오후 숙소에 도착하여 저녁 식사 전에 온천욕을 즐기기 위해 유카타로 갈아입은 후 호텔 지하의 온천장으로 간다.

온천은 20분 내외로 자주 이용하는 것이 좋다고 한다.

사람이 많지 않아 호젓하게 즐길 수 있어 무엇보다 좋았다.

▲ 관광안내소   ▲ 온천시장

▼ 온천지역 곳곳에서 뿜어져 나오는 수증기

기리시마캐슬 호텔은 기리시마 온천마을(마루오온천마을)에 있다. 호텔에서 왼쪽 도로를 따라 도보로 5분여를 가면 마루오 삼거리가 나오는데 이곳이 온천마을의 중심지이다.

루손 편의점이 있고 온천시장, 관광안내소, 이자카야(주점) 등의 편의시설이 있다. 딱히 관광할만한 곳은 없지만 작은 시골 마을의 정감이 살아 있는 곳이어서 잠시 시간을 내어 돌아볼 만하다.

온천시장은 인근 농부들이 재배한 신선한 채소와 기념품 등을 판매하고 있다.

〈마루오 온천마을 지도〉

저녁 식사는 호텔 1층에 있는 뷔페식당을 이용하였다.

직화구이, 즉석 솥밥, 해산물 등과 약간의 중식이 섞여 있는 메뉴도 다양한 편이어서 추천할 만하다.

특히 돼지고기 샤브와 즉석 솥밥, 직화구이는 인기가 높기도 했고 맛도 좋았다.

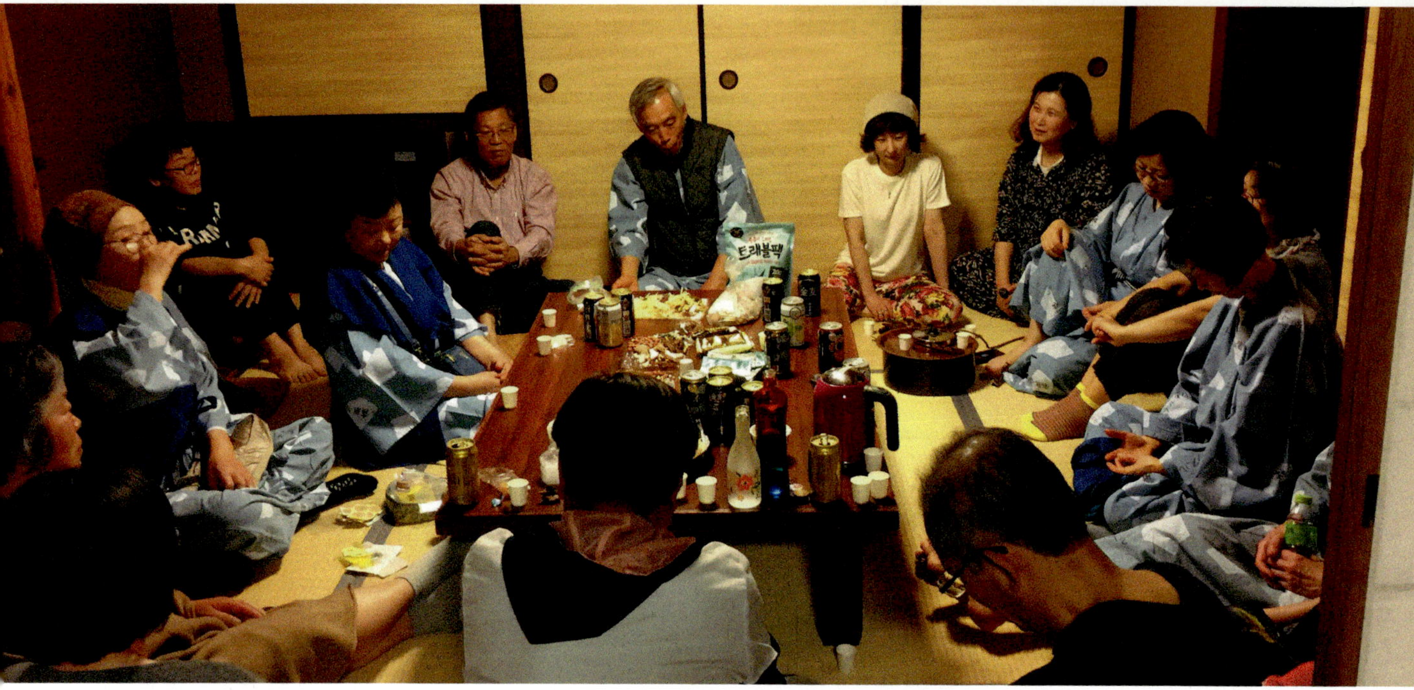
트래블팩
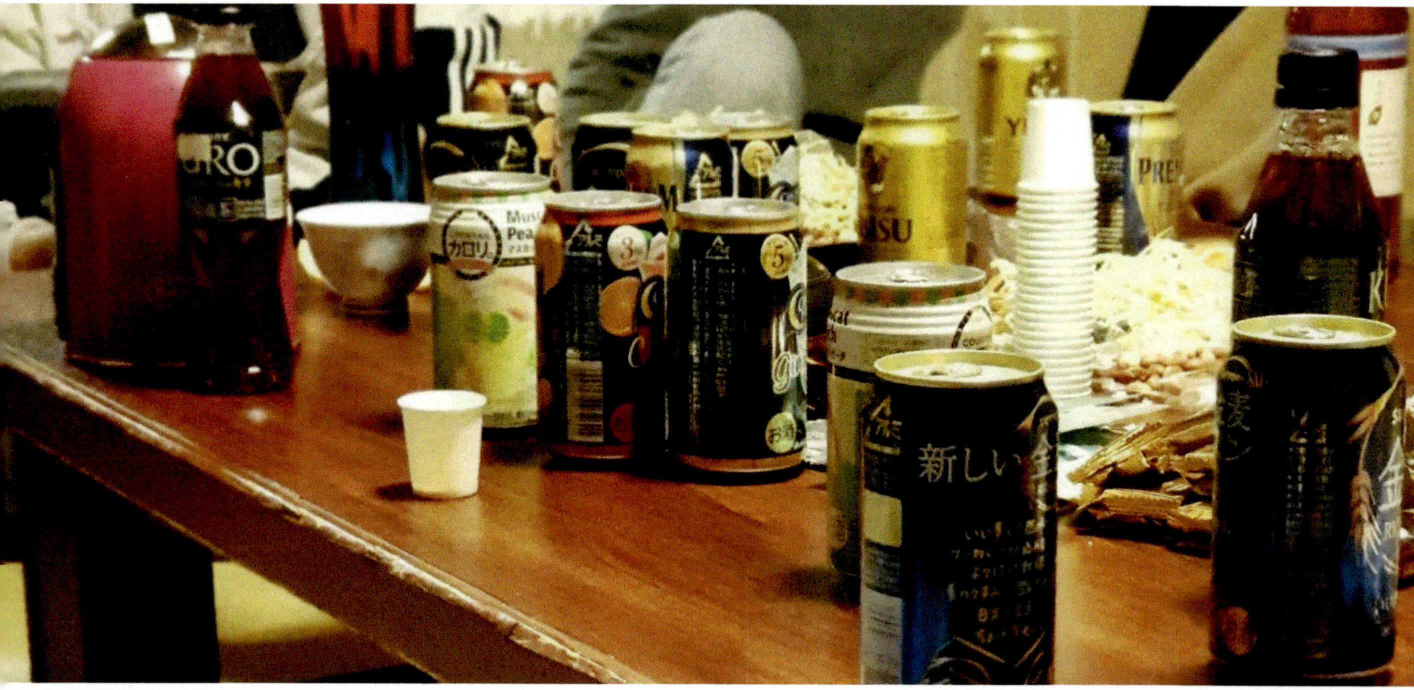
新しい

여행 첫날밤이다.
정신없는 하루 일정을 끝내고 한 방에 모여 상견례를 겸해 조촐한 파티를 했다.
모두 위더스 회원이지만 전국 각지에서 오신 분들이라 교류가 많지 않았다.

위더스 나눔 활동의 첫 번째 원칙은 '내가 먼저 즐거워야 한다는 것'이다. 자발적 나눔이 아닌 의무와 강요에 의한 것이라면 내가 즐겁지 못하고 내가 즐겁지 않으면 지속할 수 없기 때문이다. 그래서인지 위더스의 모든 모임은 오로지 카페와 밴드에 공지하는 것이 전부다. 별도의 참여를 독려하는 어떠한 행위도 하지 않는다.

행사나 교육이 있는 날이면 각자의 조건에 맞춰 자유롭게 참여할 수 있도록 하는 것이다. 그래서 위즈덤은 나눔을 위장하지도 않고, 억지 춘향을 요구하지도 않는다. 내가 가진 조건에서 할 수 있는 만큼 나눔 하는 것이 가장 좋다고 생각한다. 그리고 그 결정은 내 의지에 따라야 한다.

그래야 지속 가능할 수 있기 때문이다.

내면이 깊은 사람은 아우라가 있다. 자연스레 드러나는 기운 같은 것이다. 단비 김영희 선생님이 그렇다.
묵직하면서도 잔잔한, 대지와 같은 포근한 그런 기운이다. 평소 말씀이 없으시지만 간혹 이야기를 듣다 보면 참 여러 방면에 전문가임을 알 수 있다. 배움이 깊으면 고개가 수그러진다는 게 이런 것인가 한다.
여행 내내 항상 먼저 움직이시고 먼저 자리에 와 계신다. 깊은 배려의 마음이 담긴 행동이다. 그 옛날 요즘처럼 흔하지 않았던 '이대 나온 女子'다.

2019년 3월 19일
———————— 화요일

어제와 달리 오늘은 무척 바쁜 일정을 소화해야 한다. 흑초 관련 기업 두 곳과 미술관, 스스로 힘으로 농촌 마을을 재생한 야네단마을등 네 곳을 방문해야 한다. 어느 곳 하나 가볍지 않다. 하지만 무척 기대되는 하루다.

아침 조식 – 기리시마 캐슬 호텔

아트의 숲 방문 – 기리시마시 소재

가쿠이다 후쿠야마 식초 정보관 견학 – 기리마시 후쿠야마초 소재

점심 식사 – 가쿠이다 후쿠야마 식초 레스토랑

후쿠야마 식초 공장 견학 – 기리시마시 후쿠야마초 소재

야네단마을 – 가노야시 야나기다니마을

숙박 – 아시아 태평양 농촌 연수 센터(KAPIC)

가고시마는 발효하는 사람들에게 흑초로 유명한 곳이다. 하지만 가고시마는 흑초 외에 고구마 소주로도 일본 내에서 널리 알려진 곳이다.

발효산업은 술, 식초, 장류, 절임류, 유제품 등과 발효균 사업 등으로 구성되는데 가고시마는 식초와 고구마 소주가 발달한 곳이다. 발효균을 이용한 다양한 제품을 볼 수 있는 Barrel Valley Praha & Gen 배럴벨리프라하앤젠이 있어 발효 공부를 하는 사람들에게는 좋은 곳이다.

예술의 숲 霧島アートの森
Open-air Museum in Kirishima
https://open-air-museum.org

08:30 호텔 출발
09:05 아트의 숲 도착

아침부터 비가 내리기 시작한다.
제주도 보다 위도상으로 남쪽이라 따듯한 편이지만 아직은 3월이고, 이곳은 국립공원에 있는 곳이기도 하고, 비까지 내리니 으쓸하다. 하지만 차창으로 맺히는 빗방울들과 습기를 가득 머금은 대지의 풍경들이 평온한 느낌을 준다. 햇빛 쨍한 어느 날도 좋지만 분위기 있게 비가 내리는 오늘도 참 좋다.

아트의 숲 본관과 야외 전시관

KUSAMA Yayoi, 2000, Flowers of Shangri-la

자연이 아름답기로 유명한 기리시마 국립공원 내에 2000년 처음 문을 연 미술관은 입구에서부터 초현실적인 느낌을 준다. 쿠사마야요이(草間彌生)의 '상글리아의 꽃'은 화려한 꽃 아트 작품으로 쿠사마 야요이가 제작한 야외 조각 중에서도 특히 스케일이 큰 작품이다. 비가 그친 후 해발 700m 고원의 축축한 느낌과 이상한 나라의 앨리스를 연상시키는 특이한 패턴의 쿠사마 야요이의 작품이 어우러지면서 감성 충만한 풍경을 만들어 낸다.

기리시마 아트노모리(霧島アートの森)는 가고시마 현에 있는 기리시마야마(霧島山)의 산자락, 해발 700m의 장소에 있는 넓은 미술관이다. 넓은 부지에는 세계적으로 이름을 떨치는 아티스트들의 독특한 작품이 20점 이상 전시되어 있다. 해발 수백 미터 높이에 이르는 기리시마 산기슭에 지어진 이 미술관은 안개에 싸인 푸른 산의 풍경을 배경으로 하고 있다. 이것이 20헥타르 면적의 야외 전시 공간과 다양한 일본 작가의 작품을 정기적으로 전시하는 실내 전시실을 더욱 돋보이게 한다. 탁 트인 푸르고 완만한 언덕과 현대적인 건축 양식의 아트홀을 자랑하는 기리시마 아트 숲은 계절마다 새로운 색채를 띠며 바뀌기 때문에 계절과 관계없이 관람하기 좋은 곳이다.

겨울에는 매일 오전 9시부터 오후 5시까지, 여름과 주말에는 오전 9시부터 오후 7시까지 개관한다. 12월 29일부터 1월 2일까지는 연말연시 연휴로 휴관한다. 입장료는 야외와 실내 전시를 모두 관람할 경우 1,040엔, 특별 전시는 800엔, 야외 전시는 310엔이다. 내부에 있는 작품은 사진 촬영이 금지되어 있지만 모든 야외 전시품은 사진 촬영이 가능하다. 작품에 따라서는 직접 만지면서 느껴볼 수 있다

Physalis/Magnolia, 1998-2000, NISHIKAWA Katsuhito

개인적으로 이 미술관의 가장 인상적인 부분은 입구에서 실내 전시관까지 걸어가는 500여 미터의 길이라고 생각한다. 미술관 진입로에서 차창 밖으로 보이는 쿠사마 야요이의 샹그릴라의 꽃부터 우거진 나무 사이로 걸어 들어가는 길, 담벼락의 풍경, 빨간색 조형물의 임팩트 있는 등장, 전시관 건물의 회색빛 외벽 그리고 비 갠 푸른 하늘… 이 모든 것들이 마치 하나의 작품인 것처럼 느껴진다.

주차장에서 미술관으로 가는 길목에서 만난 건물의 외벽에 비친 나무들의 그림자가 인상적이다. 한 편의 수묵화를 보는 것과 같은 착각에 빠진다. 빈티지한 느낌의 회색 벽과 그 위에 드리운 짙고 옅은 그림자들이 착시를 일으켜 실재와 가상을 혼동케 한다.

Floating form-red

전시관 건물의 외벽과 나무와 작품의 배치가 매우 인상적이다. 일본 특유의 미니멀리즘의 극치를 보여주는 것 같다. 우에마츠 케이지(UEMATSU Keiji)의 설치 작품인 플로팅 폼-레드(Floating form-red)의 강렬함은 순간 모든 사고를 멈추게 하는 힘이 있다.

자세한 작품 해설은 아트의 숲 공식 홈페이지를 참고하면 된다.
https://open-air-museum.org

실내 전시실과 야외 전시관에 설치된 작품들의 간략한 소개를 담은 팸플렛을 매표소에서 받을 수 있다. 이곳뿐만 아니라 가고시마 곳곳에는 한국어로 된 간판과 안내 책자를 주는 곳이 매우 많다.

일본은 관광객 유치를 위하여 인프라 조성 사업을 대대적으로 시작했는데 그중 첫 번째가 외국어 서비스를 늘리는 것이었다. 특히 한국어와 중국어 서비스를 영어와 함께 거의 모든 관광지 안내 표지판과 가이드북에 적용하였는데 그 효과는 놀랍다. 2010년 한국인 관광객이 250만 정도에서 2018년 기준 750만을 넘었고, 전체 관광객의 숫자도 2010년 1천만 명 정도에서 2018년 3천만 명에 육박하고 있다.

Male/Female, Jonathan BOROFSKY

미술관은 실내 전시관과 야외 전시관으로 나뉘는데 실내 전시관은 유료, 야외 전시관은 무료다.

이 미술관의 특징은 야외 전시관의 경우는 이미 제작된 작품을 옮겨 놓은 게 아니라 23명의 세계적인 작가들이 이곳의 풍경을 직접 보고 각자가 받은 영감을 작품화하여 설치한 것들이다. 따라서 이들 작품은 지역의 문화와 역사, 자연을 상징하면서 모든 작품이 주변 경치와 완벽하게 어우러진다.

매우 다양한 현대 미술 설치 작품들을 만날 수 있으며, 컬렉션 된 작품 또한 일본 현대 미술 작가들과 함께 세계적인 명성을 얻는 작가들의 것이 대부분이다. 한국 작가로는 최정화, 백남준의 작품이 전시되어 있다.

I Am the World's Most Famous Bad Pianist, 1987, PAIK Nam-June

You Are the Art, 2000, CHOI Jeonghwa

A Walk with the Dog, 2000, FUJI HiroshiSKY

Drinking Fountaimn of Angels, 2000,
UCHIKURA Hitomi

It is breezing, 1999, NISHINO Kozo

High Heel, 2002, KUSAMA Yayoi

이 미술관은 작품을 직접 만지는 등 체험할 수 있는 특징이 있다. 예술이 우리 일상으로 한 발자국 다가오는 느낌이다.

이곳 실내 미술관 입구에는 스탬프를 찍을 수 있는 곳이 마련되어 있다. 요즘엔 국내에도 이런 곳이 많은데 종류가 더 많고 다양해졌으면 한다. 작은 스탬프 하나도 그곳을 기억하고 싶어 하는 여행객들에게는 큰 기쁨이기 때문이다.

은회색의 미술관 건물은 자연과 조화롭다. 미술관의 건립 목적이 일본 최초의 국립공원 지역인 기리시마 지역의 자연경관과 가고시마 현의 자연과 문화를 잘 드러내 주는 작품을 제작하여 설치하는 것일까? 각각의 작품과 이를 품고 있는 건축물과 공간들이 서로 간섭하지 않으면서도 상호 보완적이다. 마치 오래전부터 원래 그 자리에 제각각 있었던 것처럼.

Sun Roots, 1999, Phillip KING

실내 미술관은 사진 촬영이 허락되지 않는다. 기록하기 좋아하는 여행객들에게는 불만스러운 부분이다. 하지만 작품 자체에 집중할 수 있는 긍정적인 측면도 있다.

이곳은 작품 옆에 엽서 크기의 가이드를 꽂아 두고 작품을 이해하는 데 참고할 수 있도록 해두었다. 앞면은 작가 소개, 뒷면은 전시 작품을 소개하는 형식이다.

우측의 작품 사진들은 미술관 홈페이지에서 가져온 것이다.
https://open-air-museum.org/

NEWLYN CIRCLE, 1995, Richard LONG

A stroll Down PeachtreeStreet, 1997, MARISOL

China, China - Bust 47, 1999, Ah XIAN

Dawn Blue, 1995, Niki de SAINT PHALLE

Endangered Species:2319-2322, 1992, ONO Yoko

실내 미술관에는 다양한 현대 미술 작품들이 전시 중이었는데 그중에서 특히 내 시선을 끄는 것은 오노 요코의 작품이었다.

비틀스의 멤버였던 존 레넌(John Lennon)의 부인으로 알려진 오노 요코(ONO Yoko)는 존 레넌과 함께 반전 운동에 참여했고, 전위예술가 집단이었던 플럭서스의 멤버로 백남준과 함께 활동했던 예술가이다.

좌측의 작품은 가상의 시간인 BP 50년 무렵 4명의 사체가 AP(평화 확립 후) 100년 무렵에 역시 가상의 대륙인 D 대륙에서 동결된 그들의 꿈과 기억과 함께 발굴된 것으로 간주하고 제작한 작품이다.

사람들의 마음에 직접 평화의 메시지가 울리기를 바라고 만든 것이라고 한다.

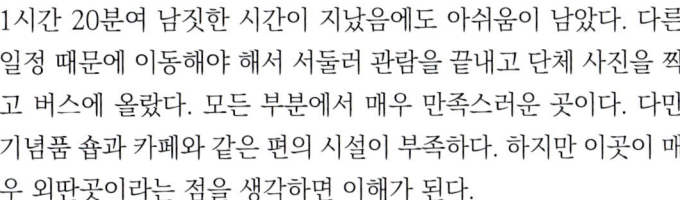

1시간 20분여 남짓한 시간이 지났음에도 아쉬움이 남았다. 다른 일정 때문에 이동해야 해서 서둘러 관람을 끝내고 단체 사진을 찍고 버스에 올랐다. 모든 부분에서 매우 만족스러운 곳이다. 다만 기념품 숍과 카페와 같은 편의 시설이 부족하다. 하지만 이곳이 매우 외딴곳이라는 점을 생각하면 이해가 된다.

소장품도 훌륭하고, 한국인을 위한 가이드도 잘 구비되어 있는 편이고, 주변의 경관과 작품들의 조화도 매우 좋다. 무엇보다 비온 뒤 자연 속에서 감상하는 현대미술 작품들은 특별한 경험을 선사한다. 이것이 이곳만의 특징인지 아니면 비 온 뒤 야외 미술관은 모두 그런지 알 수 없으나 오롯이 이곳만을 즐기기 위해 별도의 여행을 와도 좋겠다는 생각이 들었다.

우리는 전용 버스를 타고 이동을 했지만 대중교통을 이용해서 이곳을 방문하기란 그리 녹록해 보이지 않는다. 렌터카를 이용하든지 아니면 택시를 이용해야 할 것 같다. 참고로 홈페이지에 게제된 대중교통 이용 방법은 아래와 같다.

가고시마 추오역에서　JR특급 하야토노가제 80분+노선버스 20분 가고시마추오역　⇒　JR히사쓰선「구리노」역　⇒　유스이초영 후루사토 버스「기리시마 아트의 숲」버스 정류장

가고시마 공항에서　공항버스 30분+노선버스 20분 가고시마공항　⇒　난고쿠교통 오오쿠치·미나마타행「이키이키센터 구리노고」버스 정류장　⇒　유스이초영 후루사토 버스「기리시마 아트의 숲」버스 정류장

어느 정도 경지에 이른 숙련된 장인들은 일반인은 모르는 어떠한 정신적인 깨달음을 얻기도 하는 것 같다. 그런 사람들이 가지는 신념이나, 자신의 작품에 대한 자부심 같은 것을 장인 정신이라 한다.
그러한 장인 정신을 지닌 사람들은 대부분 한 분야에서 묵묵히 외길을 걸어오신 분들이다. 꾸준함이 중요하다는 방증이다. 김재상 선생님은 평생을 교육자로서 살아오셨고 지금도 헌신하고 계신다.
한 길을 묵묵히 걸어오신 분들만의 고독함과 비범함이 느껴진다.

흑초마을 후쿠야마초

이번 가고시마 발효 예술 기행 중 핵심은 식초다. 미국의 유기농 사과 식초, 프랑스의 포도 식초, 이탈리아의 발사믹 식초, 중국의 향초 등과 함께 세계적으로도 알려진 일본의 흑초(현미 식초) 주산지가 가고시마 현에 있기 때문이다.

가고시마 흑초의 역사

가고시마 흑초 (쿠로즈, kurozo)는 약 1500년 전 중국의 진강 유역에서 제조된 향초라 불리던 식초를 200여 년 전 일본으로 온 중국 상인이 후쿠야마의 다케노시타라는 사람에게 식초 제조 방법을 전수한 것이 시초라 전해지고 있다.

흑초와 일반 발효 식초의 차이는 사용하는 원재료의 차이다. 흑초는 현미를 원재료로 사용한 식초로 색깔이 시간이 경과함에 따라 점차 진한 흑갈색으로 변화되어 흑초라 부른다. 장기 숙성된 흑초는 신맛이 조금 약해지고 부드러우며 간장 맛이 나기도 한다. 보통 5년 이상 된 흑초는 주로 건강식품으로 음용한다.

발효 식초의 최적지
가고시마현 기리시마시 후쿠야마 마을

현재 흑초의 주산지인 가고시마 후쿠야마 지역은 오랜 화산활동 지역으로 미네랄이 풍부한 양질의 자연수가 있고, 발효에 적정한 연중 기온, 발효에 필요한 좋은 균들이 대기 중에 풍부하다고 한다. 후쿠야마 마을은 연평균 기온이 18.7도이며 평탄한 부분이 거의 없는 남향의 구릉 지대이다. 가고시마만(鹿兒島湾)의 가장 안쪽에 위치해 삼면이 언덕으로 둘러싸여 있다. 이러한 지리적 조건으로 연간 온난한 기후가 유지된다.

흑초 제조는 기후와 풍토에 많은 영향을 받는데, 그 이유는 실내의 공장이 아니라 농작물처럼 노천에서 생산되기 때문이다. 이처럼 식초 발효에 가장 적합한 좋은 날씨와 태양에너지를 온몸에 받은 항아리 속의 미생물에 의해 흑초가 만들어지는 것이다. 흑초 제조에 최적화된 곳이라고 할 수 있다.

실제 가고시마 항에서 3.5km 떨어진 사쿠라지마는 일본에서 가장 활발한 화산 중 하나로, 하루에 두 번 이상 미세한 분출이 일어나는데 화산에서 분출된 재는 가고시마의 생태계를 강화하는 데 도움이 된다고 한다. 화산재가 비옥한 토양이나 농경지, 심지어 지하수에 풍부한 영양을 공급하는 역할을 하기 때문이다.

자연적 조건과 더불어 이곳은 원래 상업항으로 번성했던 마을이다. 상업항이었기에 흑초의 생산에 필수품인 항아리 확보가 용이하였고, 영주에게 상납하는 쌀의 집산지여서 식초의 주원료인 쌀 또한 풍부할 수 있었다. 발효에 최적화된 자연조건과 원재료인 풍부한 양질의 자연수, 항아리와 쌀의 공급이 원활한 조건 등이 맞아떨어져 후쿠야마 흑초의 주 생산지로 발전되어 왔다.

위와 같은 조건적 측면과 더불어 가고시마의 흑초가 발전하게 된 또 다른 측면은 이곳 사람들의 특별한 흑초 사랑에 있다고 생각한다. 흑초라는 이름으로 불리게 된 것은 사실 1970년대 이후 사카모토 양조 대표 사카모토 아키오 회장의 노력 때문이지만 그 이면에는 이곳 사람들의 삶 속에 스며 있는 식초를 만들고 이용해온 200여 년의 전통이 있다.

가고시마에서 흑초는 이곳 사람들의 일상생활과 문화의 일부분이다. 다양한 음식의 조리에 사용되고, 음료와 과자, 샐러드 드레싱, 건강식품으로 애용되고 있으며, 물고기 양식도 흑초 기반의 사료를 사용할 뿐 아니라, 흑초 농법이라고 해서 농사에도 사용된다.

이처럼 생활과 생업의 다양한 영역에서 흑초가 이용되고 사용되면서 새로운 많은 활용법이 만들어져 왔고 또 만들어지면서 일상 속으로 점점 넓게 보급되어 큰 시장을 만들어 왔다.

또한 가고시마는 식초 산업의 연관 분야인 술과 누룩 산업 또한 발달하여 흑초 산업의 미래가 밝을 것이다.

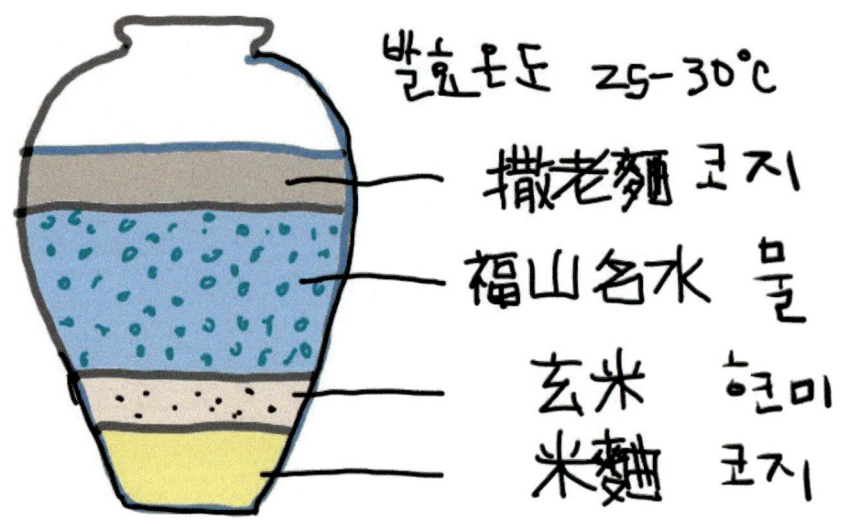

흑초 만드는 방법

가고시마를 방문하는 동안 열한 곳 중 세 군데를 방문하여 흑초를 소개받았는데 흑초를 만드는 방법은 공장마다 조금씩 차이가 있지만 큰 원칙에서는 대부분 동일하였다.

1. 황국과 버무린 현미 코지(입국)를 항아리에 넣고
2. 그 위로 현미 고두밥을 넣는다
3. 그리고 물을 부은 다음, 다시 노란 황국 코지를 뿌려 공기를 차단한다
4. 항아리를 (마분지로) 덮는다
5. 최소 6개월~1년 정도 3단 복발효를 시킨다.
6. 아만이라는 항아리를 사용하며, 야외에서 최소 1년 이상 발효와 숙성과정을 거친다.

3단 복발효란 탄수화물의 발효 과정은 당화 과정->알코올발효->초산발효의 순서를 거치게 되는데, 보통은 당화 과정, 알코올발효 후 원재료를 거르고 초산발효를 진행하는데 가고시마 흑초는 거르는 과정 없이 초산발효까지 진행한다.
이를 3단 복발효라고 한다.

흑초의 품질

흑초의 품질은 사실 위와 같은 만드는 방식의 차이라기보다는 관리의 차이라고 보인다. 특히 오랜 시간이 지나면서 흑초를 제조하는 전통방식이 표준화되고, 발효에 사용되는 누룩 제조에 사용되는 균이 우수하게 개량되고 개발되면서 제조업체별 품질의 차이가 줄어들었기 때문으로 보인다. 흑초의 관리는 장인들에 의해 진행되는데 발효와 숙성이 진행되는 2~3년 동안 2주마다 항아리를 열어서 끝이 3갈래로 갈라진 대나무로 저어주며 상태를 관리한다. 교반 과정을 반복해주면서 산소를 공급해 주는 것이다. 장인의 말에 따르면 보통 현미가 항아리의 60cm 아래로 가라앉으면 발효 과정이 완료된 것으로 본다고 한다.

대부분의 과정이 장인늘의 손과 축적된 경험에 의해 관리되기 때문에 흑초를 관리하는 장인에게는 인내심, 세심한 관찰력, 축적된 경험에서 나오는 지혜가 필수 요소라고 한다.

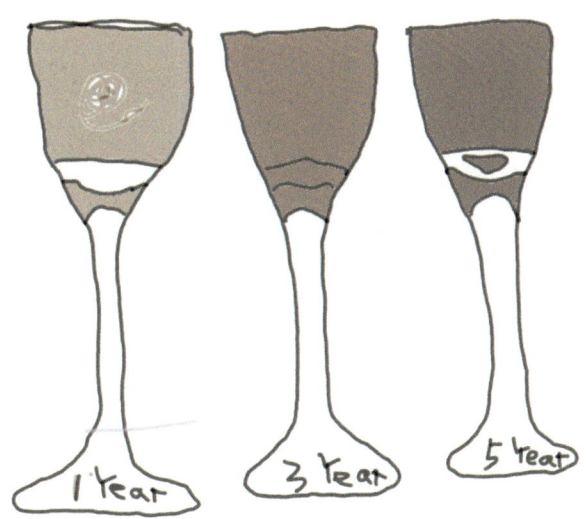

현재 가고시마현 기리시마시에는 100~200년 이상의 전통을 가지고 있는 흑초 양조장이 열한군데 있으며, 각기 독자적인 전통 제조법을 가지고 있다. 품질의 우수성이 일본뿐 아니라 세계적으로도 높은 평가를 받고 있다.

최소 1~3년 발효 숙성 기간 동안 자연환경과 인력만으로 순 현미 흑초를 양조하고 있다.
이렇게 전통적인 방법으로 만들어진 순 현미 흑초에 대해서는 심사를 통해 1) 식품 산업센터의 인정을 받은 심사 전문위원회가 선정하여 표시를 허가하는 본고장 진품 상품 마크와 2) 해당 지역의 지역단체가 선정하여 표시를 허가하는 후루사토 인증 식품 마크 3) 일본 농림부가 인정하는 지리적 표시제 마크를 표기할 수 있게 된다.

따라서 가고시마 흑초는
옆에 있는 3가지 마크가 있어야 전통제조법에 따라 만들고 자연 상태에서 발효와 숙성을 거친 진품이다.

발효는 효모나 세균 따위의 미생물이 지니고 있는 효소의 작용으로 유기물이 분해되어 알코올류, 유기산류, 탄산가스 따위가 발생하는 작용을 말한다. 이러한 미생물의 작용은 동전의 양면과 같아 사람에게 이로우면 발효, 해로우면 부패라 한다.

예로부터 주로 유산균이나 효모균 등을 이용하여 발효식품을 만드는데, 발효작용을 하면 식품의 영양가와 저장성이 높아지므로 음식을 만들 때 자주 이용된다. 음식이 발효하게 되면 작은 생물의 분해 활동으로 식품의 성분이 새롭게 합성되므로 독특한 향과 맛을 가지게 된다.

식품을 오래 저장하고 맛과 향을 높이기 위해 만들어진 발효 식품은 우리 밥상에서 쉽게 찾아볼 수 있다. 이러한 발효를 이용한 대표 식품은 콩 발효 식품인 된장, 고추장, 간장 등이 있고, 소금으로 절이는 김치, 젓갈과 곡물 또는 과일을 이용한 술과 식초, 유제품을 이용한 요구르트, 치즈 등이 있다.

이 중에서 곡물이나 과일 발효식품의 정점을 보통 식초라고 한다. 당을 먹이로 하는 미생물의 발효는 크게 알코올 발효, 젖산 발효, 아세트산 발효 등으로 나뉘는데 식초를 만드는 초산발효가 제일 마지막 단계이기 때문이다. 알코올을 분해하여 식초가 되는 것이다. 이는 식초의 어원이 술이 시어지는 것과 무관하지 않다.

일본 농림규격 법에 의한 흑초의 정의는 다음과 같다.

"곡물초 중 원재료로서의 쌀(백미를 제외, 이하 동일) 또는 여기에 밀 내지는 보리 만을 첨가한 것으로, 쌀의 사용량이 곡물초 1L 당 180g 이상이고, 발효 및 숙성에 의해서 갈색 내지 흑갈색으로 착색된 것을 말한다"

이러한 규정을 지키면 흑초라는 명칭을 사용할 수 있기 때문에 자연 상태에서 최소 2-3년 느리게 발효 시켜 우리 몸에 이로운 다양한 성분들이 생기는 과정을 생략하고 공장형으로 속성(짧게는 2주~6개월 이내)으로 대량 생산하는 흑초들이 저렴한 가격에 일본 내에도 많이 유통되고 있다.

따라서 진품 흑초를 구입하고 싶다면 앞의 마크 3가지를 꼭 확인 후 구매하는 게 좋다.

현재 가고시마 흑초를 생산하는 기업은 11곳으로 지리적 표시제 인증을 받아 운영하고 있다. 좌측 지도의 기리시마시 하야토 지역에 3곳, 후쿠야마 지역에 8곳이 있다. 처음 흑초라는 상표를 사용한 사카모토 양조(주)를 비롯하여 '카쿠이다'라는 상표를 사용하고 있는 후쿠야마 흑초(주) 등은 체험장, 견학코스, 흑초 레스토랑 등을 병행 운영하고 있다. 가고시마 여행 시 방문하는 곳은 대부분 위의 두 곳이다.

福山 후쿠야마 초 지역

1. 宇都醸造有限会社
   우토 양조 유한회사 https://www.utojouzou.jp/
2. 坂元醸造株式会社
   사카모토 양조 ㈜ http://www.kurozu.co.jp/
3. 合資会社伊達醸造
   합자회사 다테 양조 https://www.datejozo.co.jp/
4. 株式会社福山こめ酢
   ㈜ 후쿠야마 양조 식초 http://www.komezu.com/
5. 福山酢醸造株式会社
   후쿠야마 식초 양조(주) https://fukuyamasu.co.jp/
6. 有限会社重久盛一酢醸造場
   (유)重久 盛一 식초 양조장 https://osuya.co.jp/
7. 福山黒酢株式会社
   후쿠야마 흑초 주식회사 https://www.kakuida.com/
8. 株式会社黒酢の杜
   ㈜ 흑초의 숲 https://same-grp.jp/

隼人 하야토 초 지역

9. 有限会社長命ヘルシン酢醸造
   (유)장수 헤르신 식초 양조 http://www.herushin.com/
10. 株式会社ゴールド黒酢本舗
    ㈜ 골드 검정 식초 본점 https://www.gold-kurozu.com/
11. 朝日酢食品株式会社
    아사히 식초 식품 주식회사 http://asahisu.com/

일본 농림수산성에 등록된 '가고시마 흑초'의 지리적 표시제 (G.I) 내용

특정 농림 수산물 등의 구분
제27류 조미료와 스프류 기타 양조식초(쌀 흑초) 특정 농림 수산물 등

생산지
가고시마 현 기리시마시 후쿠야마 초 및 하야토 초

등록 생산자 단체
가고시마 현 천연 항아리에서 만든 쌀 식초 협의회 특정

농림 수산물 등의 특성
야외에서 항아리를 사용하여 발효, 숙성하는 독특한 제법에 의한 쌀을 원료로 하는 흑색 식초. 발효 6개월 이상, 숙성 6개월 이상 장기 숙성에서 나오는 특유의 향기와 부드러운 신맛이 특징.

지역적 특성
1800년대 초에 생산이 시작된 전통 제조법 흑초의 발상지. 일 년 내내 온난하고 기온 차가 작고, 또한 사쓰마 야키의 항아리를 만들기에 좋은 지역으로, 흑초 제조에 최적의 땅이다.

파주 구본일 발효의 이선근, 구본일 선생님 부부는 정직함과 성실함으로 평생을 살아오신 삶이 아름다운 분들이다.
바위 같은 무게감을 지니신 이선근 선생님과 장인의 깊이가 있는 구본일 선생님은 무엇이든 허투루 하는 법이 없으신 분들이다. 그 정직함과 우직함이 오늘의 구본일 발효를 만들었다 해도 과언이 아니다.
그래서 이분들이 만든 장류는 언제 먹어도 맛은 물론이고 신뢰감이 깊다.

후쿠야마 식초 주식회사 (福山町)
ヤマシゲ, Fukuyamasu
https://fukuyamasu.co.jp/

현재 지역 인증을 받은 흑초 업체 중에서 후쿠야마 주식회사는 항아리 1만 개 정도를 보유하고 있는 중간 규모의 업체이다. 6대째 가업을 계승하고 있고, 가족 중심으로 운영하는 업체이다.

사실 견학을 하면서 큰 업체를 방문하면 미리 짜인 프로그램에 따라 보여주는 것만 보게 되는 점이 아쉬운데 작은 업체들은 좀 더 다양한 부분들을 볼 수 있어 좋다.

현지 사장이 직접 안내를 해주고, 자세한 설명과 제조 과정에 대한 다양한 질문에 대해 정성껏 답을 해준다. 짧은 시간이지만 설명을 하는 사장의 얼굴에는 순박함과 열정이 느껴진다. 많은 체험객을 맞이했을 법 한데도 말이다.

그런 순박함이 좋다.

미처 치우지 못한 혹은 정리하지 못한 흔적들이 공장 곳곳에 너부러져 있다. 그런 것마저 인간적으로 느껴진다. 사람에 따라 다르겠지만 손등에 혹은 손바닥에 종이컵도 없이 맛보고 남은 흑초를 다시 항아리에 넣는 다소 비위생적으로 보이는 이런 행위들마저 정겹다. 그게 제아무리 위대한 일일망정 결국 사람의 문제이기 때문이다.

전통 흑초 항아리를 이용해 견학과
직매도 가능한 곳임을 알리고 있다.
소박하지만 재미있다.

후쿠야마 식초의 6대 사장, 이곳의 흑초 제법은 대부분 동일한데 다만 사용하는 물과 쌀의 도정 정도에 따라 차이를 가지고 있다고 한다.

아직 옛 방식 그대로 지하수를 사용하고, 삼부 정도를 깎은 현미를 사용한다고 한다.

◀ 발효에 사용하는 코지(누룩)의 종류를 설명해 주시는 사장님

◀ 별도의 견학 시설이 없고 공장 그 자체를 구석구석 보게 된다. 실제 발효에 종사하는 사람의 입장에서는 견학을 위한 시설이 잘 갖춰진 곳 보다 훨씬 볼게 많다.

세월의 흔적이 곳곳에서 느껴진다. 6대를 거쳐 200년 동안 가업을 이어 간다는 것이 쉬운 일은 아닐 것이다.

특히 이곳 가고시마는 메이지유신과 2차 세계 전쟁 등의 일본 역사 격동기에 그 정점에 서 있던 곳이었고, 서양문물과 함께 밀려들어 온 빙초산과 같은 대체 식품들의 홍수 속에서 경영하기란 결코 쉽지 않았을 텐데 말이다. 어떤 일이든 수익이 나지 않으면 결국 문을 닫게 되니 200년을 번창하진 못하더라도 꾸준하게 기업을 유지할 수 있다는 것은 정말 대단한 일이라고 할 수 있다.

흑초 항아리 밭에서 후쿠야마 식초의 6대 장인과 함께 기념 촬영

별도의 판매장이 없어 공장 입구에 간이 탁자로 판매대를 설치했다.
도매가로 구매할 수 있어 가격이 다른 곳보다 싼 편이다.

누구에게나 삶은 그 자체로 값진 것이다.
게다가 나이를 한 50살 정도 넘기면 속된 말로 산전수전 공중전 정도는 예삿일처럼 겪은 이력이 있기 마련이다. 그래서 잘 견디고 잘 버텨주었다고 훈장처럼 주름을 온몸에 새겨 주는가 보다. 그런데 그 훈장이 누구에게는 아름다움으로, 또 다른 누군가에게는 흉터처럼 남는다.

정병옥 선생님은 그 훈장이 너무도 아름다운 분이시다. 특유의 입담이 더해져 밤새 들어도 또 듣고 싶은 그런 훈장을 지닌 분이다. 공주에서 꽃과 차와 함께 사시는 정말 공주 같은 분이다.

가쿠이다 후쿠야마 흑초정보관
桷志田・福山黒酢, Fukuyama Kakuida vinegar
https://www.kakuida.com/

후쿠야마 흑초 주식회사는 2만여 개의 항아리를 보유하고 있으며, 흑초 레스토랑, 전시관 등을 갖춘 규모가 큰 회사 하나다. 2005년, 흑초 제조 과정 견학 · 흑초 레스토랑 · 흑초 판매장을 결합하여 "음식과 건강을 연결"하는 주제로 흑초 테마농장을 오픈하여 운영 중이다.

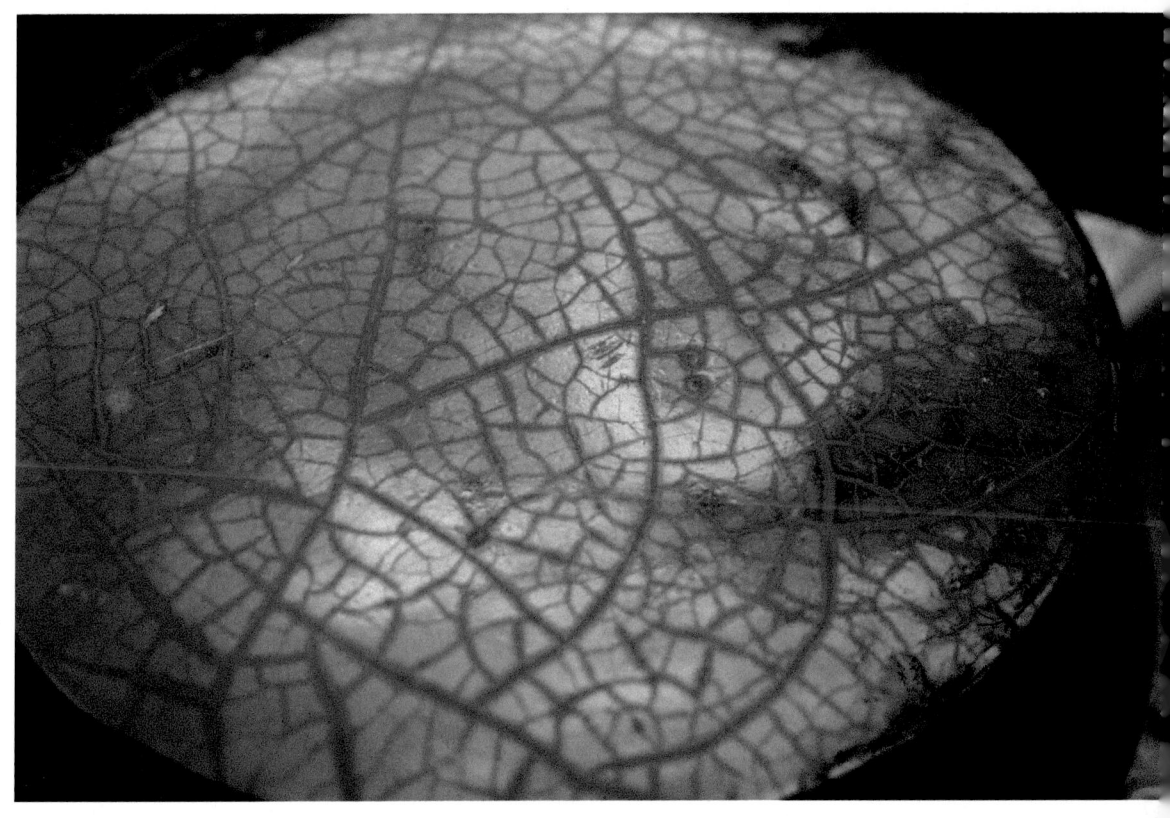

흑초 장인 '아카이케 지카라' 집안은 후쿠야마초에서 4대째 흑초 양조에 종사하고 있다. "더욱 건강하고, 마시기 좋고, 요리에도 사용할 수 있는 흑초", "고마운 흑초"를 만들기 위해 노력하고 있고, 좋은 원료와 전통 제조법을 지키며 2년 반에 걸친 자연 발효를 통해 출시하고 있다.

▲ 흑초 제법에 대한 설명을 해주는 가쿠이다 흑초 정보관 담당자

가쿠이다 흑초는 흑초 생산, 레스토랑, 견학, 판매장, 흑초 농법 농장 등을 운영하는 흑초를 활용한 6차 산업의 표본 같은 곳이다. 한때 발효 식초가 사양산업이 되어 후쿠야마초에서 단 한곳을 제외하고 모두 폐업했다는 사실이 믿기지 않을 정도다. 지금은 이곳 가쿠이다에도 세계 각지의 사람들이 찾아오는 사카모토 양조와 함께 가고시마 흑초의 대표적인 곳이 되었다.

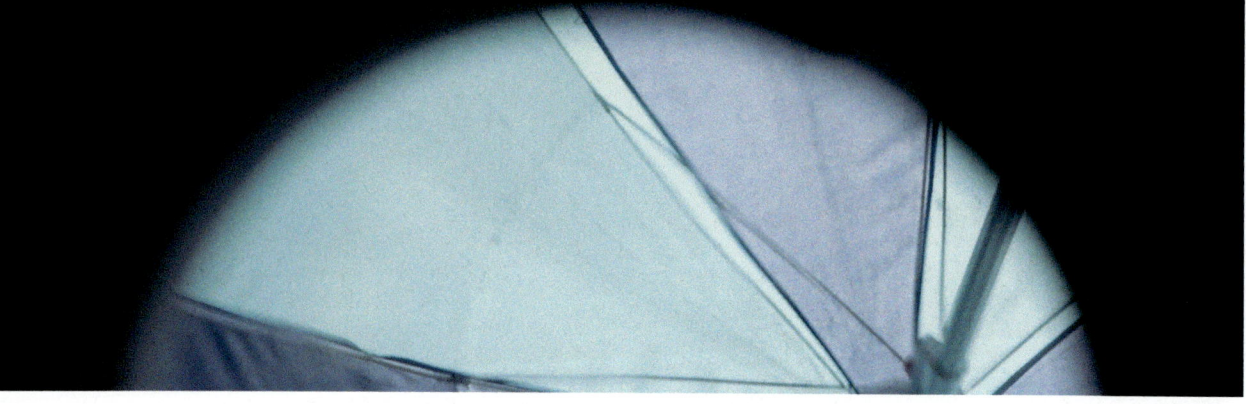

우리나라에서도 최근 몇 해 동안 식초가 건강식품으로 또는 음용 음료의 하나로 인기가 높아지고 있다. 그런 흐름을 반영하듯 많은 사람이 발효 식초에 관심을 두고 이를 사업화하려고 시도하고 있다. 그런데 조금 우려스러운 조짐들도 보인다.

십수 년 전부터 가고시마에는 소주와 흑초 제법을 보기 위해 발효에 관심 있는 많은 한국 분이 다녀가셨다. 그럼에도 불구하고 여전히 그 형식을 베끼려는 시도만 있다. 만약 식초를 사업화해서 수익성이 있으려면 지금 유행하는 것이 아닌 앞으로 식초 산업이 가야 할 길을 찾는 것으로부터 시작해야 하는데 말이다.

일례로 가고시마로 견학을 왔었던 어떤 분이 함께 온 지자체 담당자에게 말하길 우리 고장에도 이런 항아리 1만 개쯤 가져다가 놓으면 이런 식초 마을 만들 수 있으니 지자체에서 항아리를 지원해서 만들어 보자고 했단다. 이렇게 거대한 항아리 밭을 만들면 관광객이 올 거고 유명해지면 식초도 덩달아 팔리지 않겠냐는 것이다. 잘되면 내 호주머니가 두둑해지는 거고, 잘못되면 나랏돈 없어지는 것이니 쉽게 하는 말이겠지만 그분들의 무지함은 관두더라도 그런 말에 현혹되어 잘못된 길을 가서는 안 된다고 생각한다.

가고시마에서 우리가 배워야 할 것은 항아리가 5만 개인지 1만 개인지 보이는 것들이 아닌 일본의 흑초 산업이 어떻게 변해 왔고, 어떤 길을 가고 있는지를 면밀하게 살펴보고 우리 식초가 가야 할 방향을 예측해 보는 기회가 되었으면 한다.

가고시마 흑초 견학을 하면서 이 흑초는 시간의 흐름과 자연환경에 순응하면서 사람의 노력이 만들어낸 최상의 조합이라는 생각이 들었다. 몇 개로 시작한 항아리가 세월이 지나면서 하나둘 늘어 1만 개가 되고, 5만 개가 되었다. 그런데 마음이 급한 우리는 결과만을 보고 그것의 형식을 따라 한다. 그 속에 들어 있는 시간이라는 절대적 힘과 사람의 노력이라는 과정을 고려하지 않는다.

시간이 쌓이지 않는 전통은 오래갈 수가 없다. 사업적으로든 역사적으로든. 그리고 제아무리 성능이 뛰어난 컴퓨터도 운영 프로그램이 없다면 그냥 깡통일 뿐이라는 사실을 상기했으면 좋겠다.

판매장에서도 확실한 것은 흑초 자체보다 그것을 활용한 다양한 제품들이 주류를 이루고 있다는 점이다. 소스류부터 음료는 물론 심지어 빵도 판매되고 있다.

가쿠이다 흑초 레스토랑의 특징은 모든 요리에 흑초를 사용한다는 점과 대부분의 신선 채소는 식초 농법으로 직접 재배해 사용한다는 것이다.

흑초 소스를 이용한 샐러드, 흑초를 넣어 조린 생선찜, 흑초를 가미한 미소된장국, 심지어 커피에도 흑초가 들어가 있다고 한다.

5년 숙성 식초를 베이스로 사용하며, 탁자 위에도 별도로 흑초를 두어 식성에 맞게 먹도록 배려하였다.

멀리 사쿠라지마가 보이고, 수많은 항아리가 보이는 레스토랑은 그 자체로 분위기가 좋다.

가쿠이다 흑초 레스토랑 주요 메뉴

가쿠이다 식초 점심	1,620엔
참돔 흑초 소스	2,160엔
가고시마현산 흑돈 등심 스테이크	2,160엔
사이고 돈 런치	2,800엔
가고시마현 흑우 스테이크 코스	2,800엔
코스 요리	A - 3,240엔
코스 요리	B - 5,400엔

-기타 어린이&여성전용 메뉴등을 제공한다.-

◀ Tea time 메뉴
 식전 식초 + 커피 or 홍차 포함   800 엔
 (14시 ~ 17시에만 제공)

◀ 식사에 포함되어 나오는 흑초음료와 흑초가 들어간 커피, 별도 주문도 가능

레스토랑에서 사용하는 과채류는 식초 농법으로 직접 이곳 농장에서 친환경으로 재배한 것이라고 한다.

가쿠이다 흑초 본관 건물에는 2층은 레스토랑, 1층에는 판매장과 갤러리, 역사관 등이 있다. 특이하게 채색한 항아리를 작품으로 전시하고 있는데 건물 곳곳에서 볼 수 있었다. 작품에 따라 호불호가 있을지언정 졸렬하지 않은 일정 수준 이상의 작품들이 전시되고 있었다. 또한 화장실을 가는 복도를 진분홍색으로 채색하여 매우 독특한 분위기를 연출하였다. 체험객들의 흥미를 충분히 끌 만한 이러한 배치와 전시가 2만 개의 흑초 항아리만큼이나 매우 인상적이었다.

사람이 꽃보다 아름다운 이유는
꽃을 꺾을 수 있는 힘이 있기 때문이 아니라 꽃의 아름다움을 지킬 수 있어서라고 한다. 나눔이 그렇다. 나눌 만큼의 재물과 재능은 누구나 가질 수 있지만 실천할 때 비로소 힘을 갖는다. 위더스는 꽃보다 아름다운 사람들이 모이는 곳이다.

그중에서도 대산 정일윤 선생님과 은곡 이유진 선생님은 위더스의 큰 산과 같은 존재이다. 때론 영락없는 훈장이지만 때론 넉넉하게 모든 걸 품어 준다. 두 분의 지혜가 더 넓은 세상을 비추길 바란다.

가노야시 야나기다니 마을 (야네단)
柳谷集落, Yanedan
http://www.yanedan.com/

야네단 마을은 1970년대부터 시작된 농촌 살리기 운동의 일환으로 진행된 일본의 6차 산업 사례에서도 매우 독특한 위치에 있다. 무엇보다 마을 자치 활동에 근간한 자립 활동이었다는 점에서 그렇다. 나라의 보조금이 당장은 마을에 경제적 활력을 불어넣어 줄 수는 있지만 결국 스스로 자립하는 힘이 없다면 오히려 독이 되고 만다는 도요시게 촌장의 신념이 결실을 본 것이다. 일본 내에서도 그 유례를 찾아보기 힘들 만큼 성공한 사례로 알려져 수많은 일본 농촌 지도자들이 견학을 오는 곳이다.

실제 이곳은 1996년 1,300만 원 정도이던 농가 소득이 2013년 기준 6,300만 원으로 대폭 상승하였다. 2008년에는 8,100만 원을 넘기기도 했다. 원물 자체를 생산해 팔던 것을 가공품 중심으로 전환하면서 생긴 것이다. 그 중심에는 배양토, 고구마 소주, 고추 가공품 등이 있다.

경제적 자립이 이루어진 후 마을 사람들의 참여도 더 적극적으로 되었고, 일부 이익은 마을 전체를 위한 복리 후생과 교육 문화 사업 등에 사용하였다. 또한, 매년 이익의 일정 금액을 마을 사람들에게 나눠 주기도 하였다.

도요시게 촌장은 마을의 자립은 그 마을의 자원에 근거해야 하고, 그 출발은 반드시 그 지역의 농산물이어야 한다는 확고한 신념을 가지고 사업을 전개하였다. 그리고 사업의 소득이 일부에게로 귀결되는 것이 아니라 농사를 근간으로 살아가는 농부들에게 돌아가야 한다고 생각을 하여 가능한 마을 주민 모두가 참여하는 방식으로 소득사업을 확장해 나간 것이다.

또한 사업을 전개할 때 마을 사람 대부분이 고령임을 고려하였다. 아무리 소득이 높고, 사업성이 좋다고 한들 고령자가 대부분인 마을 사람들이 소외된 채 진행된다면 결국 그 소득이 마을의 활성화에 기여하기보다는 소수 대농들에게 귀결되고 말 것이기 때문이다.

그런 과정에서 행운이 찾아오기도 했다. 야네단을 방문했던 한국 대구의 한 기업과 야네단이라는 일본식 주점을 통해 고구마 소주를 독점 공급하기로 계약을 맺기도 하였고, 그 인연으로 한국 고추 모종을 가져다 재배하여 고춧가루를 만들어 역수출하는 성과를 내기도 했다. 한국과는 인연이 깊은 마을이다.

마을 입구 도로가에 설치된 야네단 표지판.
나무로 세워진 소박한 표지판과 고구마 소주병을 형상화한 조형물이
정감 있게 느껴진다.

야나기다니 마을(애칭.야네단)을 방문하면 적어도 두 번 이상 놀란다.

첫 번째는 명성보다 너무 소박한 풍경 때문이다.
우리네 농촌 풍경과는 사뭇 다르다. 우리가 방문하기 2주일 전쯤 야네단 마을 촌장 도요시게씨는 일본 총리로부터 마을 재생사업의 성과를 인정받아 수상했다고 한다. 10여 년 전부터 일본 전국에 농촌 마을 성공사례로 그 명성이 자자하다. 바다 건너 한국에서도 찾아갈 정도이다. 그런데 놀랍게도 번듯한 건물 한 채 보이지 않는다. 오랜 세월 원래 그 자리에 있었던 것 같은 잘 정돈된 건물들이 전부다. 아래 사진의 마을 회관도 그렇다. 일본 전역에서 견학을 오는데 지나치다 싶을 정도로 소박하다.
농촌 활성화를 위해 시행되는 각종 지원사업이 번듯한 건물만 남긴 채 정작 농민들과는 따로 노는 우리네 농촌과는 많이 달라서인지 사뭇 생경하다.

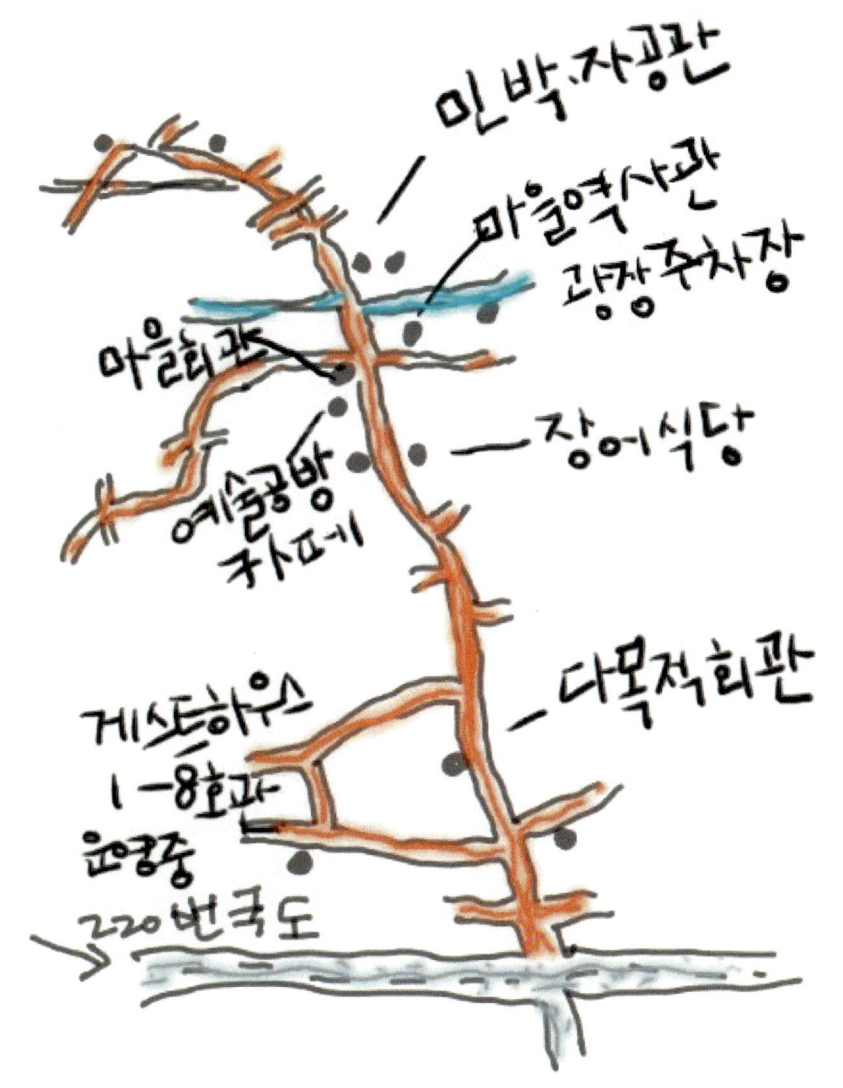

◀ 마을 공민관에 있는 공연장 겸 접객 장소다. 단체 견학이 오면 이곳에서 기념사진을 촬영하기도 한다.

마을 내 유일한 카페 겸 예술 공방 ▶

▲ 마을 역사관. 야네단의 역사를 설명해 주시는 도요시게 촌장님

두 번째는 사람이 거의 보이지 않기 때문이다.

"You're not welcome!"
세계적인 관광지 이탈리아 베네치아 주민들이 한때 내걸었던 문구다. 민가 앞에 웅성대는 사람들, 담에 낙서하는 관광객들, 집 앞에 쓰레기를 무단투기하거나 심지어는 노상 방뇨를 하는 관광객들 때문에 유명 관광지가 된 지역의 거주민들은 하루도 편히 살 수가 없다. 관광객 등쌀에 삶의 질이 낮아져 급기야 서울 이화마을 주민 몇 명이 마을 담벼락에 그려진 벽화를 페인트로 덮어버린 일이 있었다. 시도 때도 없이 몰려오는 관광객에 극심한 피로를 느꼈기 때문이었다.

이렇게 도시나 마을이 관광지화돼 등쌀에 못 이긴 거주민이 떠나게 되는 현상을 '투어리스티피케이션touristification'이라 한다. 우리나라도 서울의 이화마을뿐만 아니라 예전부터 관광객들 틈에 몸살을 앓아온 북촌과 서촌, 새롭게 문제가 거론되고 있는 연남동 등에서 투어리스티피케이션 현상이 일어나는 중이다. 주민들은 늦은 시간까지 이어지는 소음과 관광객에 의한 사유재산 훼손, 사생활 침해 등 피해사례를 나열하며 극심한 스트레스를 호소하고 있다.

일본 전역뿐만 아니라 한국에서도 야네단 마을 찾는 사람이 제법 많다고 하니 야나기다니 마을도 일견 그런 문제가 있을 법한데 그렇지 않다고 한다. 실제 우리가 방문했던 당시에 마을 촌장님과 사진을 촬영해 준 마을 정착 예술가분, 그의 아들을 제외하고는 마을 사람을 볼 수 없었다. 소소한 풍경이 아름다운 마을을 둘러보게 해 달라고 부탁을 드렸지만, 지금은 마을 사람들이 일을 끝내고 집에서 쉬는 시간이라 어렵다고 완곡히 거절하셨다.

수입만큼이나 주민들의 삶의 질도 중요하다는 것이다. 이러한 조화로운 생각이 부럽다는 생각이 든다. 결국 무엇이든 지속가능한 것이 중요한 것일 테니 말이다.

사진 작업을 하는 마을 예술가와 아들.
방문객들의 사진을 찍어 희망하는 사람들에게는 소정의 비용을 받고 인화해서 준다. 농촌에서 예술가로서의 삶을 살아간다는 것이 얼마나 어려운지 어림짐작이나마 알 수 있었기에 우리 일행의 숫자만큼 인화를 부탁했다. 의외의 많은 주문에 다소 들뜬 마음이 느껴졌다.

마을 광장, 역사관 & 미래관

예술공방 겸 카페, 장어식당, 마을회관

마을 역사관 한쪽에 서 있는 낡은 이 건물은 미래관이라는 이름을 가지고 있다. 촌장님이 내어 준 다과를 먹으며 내부를 둘러보았지만 미래관이라는 이름과 어울릴 만한 것을 발견하지 못했다. 궁금증을 참지 못하고 촌장님께 물었더니 앞으로 이곳을 야네단의 음식을 파는 식당으로 만드실 생각이라서 미래관이라고 이름 지었다는 것이다. 언제일지는 모르지만, 자신의 뒤를 이어 누군가 이 마을을 위해 일할 것이고 그러다 보면 멋진 식당이 생기리라는 것이다.

하루를 살아가기 바쁜 내겐 다소 충격적이었다. 70이 넘은 나이에도 다가올 내일을 생각하며 그 씨앗을 뿌리는 일을 하는 도요시게 촌장의 생각은 참 본받을만한 것이다. 화려하고 멋진 건물이 없어도 그런 마음을 담은 충분히 맛있는 음식이 있다면 그것으로도 충분하다는 생각을 했다.

야네단은 은퇴 후 고향으로 돌아온 도요시게 촌장의 노력과 마을 주민들의 적극적인 참여로 활로를 모색한 시골 마을이다. 마을이 활력을 되찾은 과정은 다음과 같다.

1. 도요시게 촌장이 은퇴 후 고향으로 귀향
2. 마을 주민들 대부분이 노인들로 경제적 활력이 부족한 상황, 마을 사람들을 설득해 쌀겨와 당밀을 섞어 만든 퇴비를 만들어 판매
3. 마을 어르신들과의 마찰로 인해 어려움이 있었으나 타지에 나가 있는 자녀들에게 손편지를 통해 마을의 소식을 전하고 고향에 계시는 부모님께 편지나 전화를 자주 할 것을 권하는 등 다양한 노력을 통해 주민들의 마음을 돌리는 데 성공
4. 이후 고구마 경작지를 넓히며 가고시마 지역의 특산물 중의 하나인 고구마 소주 만들기 사업을 도입하여, 연간 4,000여 병을 생산하여 소득을 높임.
5. 한국에서 고추 모종을 가져와 재배 후 고춧가루를 만들어 한국에 다시 수출
6. 다양한 소득증대 사업으로 마을 자체의 경제적 자립은 이루었으나 인구는 점차 감소 추세.
7. 인구 감소를 막기 위해서는 경제적 자립과 더불어 아이들을 키울 수 있는 교육 문화적 환경이 조성되어야 한다는 생각으로 폐가를 활용하여 예술가들을 위한 집을 짓고 초청하여 마을에 머물게 함
8. 마을 사람들의 참여와 이주해 온 예술가들의 협조로 매년 예술축제를 열고 야네단 마을 활성화를 위한 다양한 프로그램을 시행하고 있음
9. 지속가능한 마을 사업의 추진을 위해 마을 청년 중 후계자를 뽑아 양성.

야네단은 여전히 다양한 시도들이 진행 중인 마을이며, 변화해 가고 있다. 또한 도요시게 촌장의 열정을 물려받은 마을 후계자들에 의해 새로운 모색을 해 나갈 것이다.

우리네 농촌의 현실과 맞물려 많은 생각을 하게 된 곳이다.

마을회관 내부는 마을 주민과 이곳에서 나고 자란 아이들의 모습이 빼곡히 사진 속에 담겨 있었다. 야네단은 있는 자원을 최대한 활용해 감동을 만들어 내는 특별한 무엇인가를 가지고 있는 곳임이 틀림없다는 생각이 들었다. 낡은 건물에 과하다 싶을 정도로 많이 걸린 사진들 하며, 실용적인 교육장을 제외하고는 그다지 볼 것이 없는 곳이기 때문이다. 그러나 그 속에는 사람의 열정이 있고, 배려와 성장을 기원하는 염원이 있었다. 이것이 사람들의 마음을 움직이고 오늘의 야네단을 만든 것이 아닌가 하는 생각이 들었다.

▲ 마을회관 왼쪽 편에 있는 마을 예술공방겸 카페

마을 유일의 카페 겸 예술 공방을 방문하였는데, 작품들이 필자의 관점에선 너무 독특해 구매할 수가 없었다. 아마도 일본 신화나 전설을 테마로 만든 작품인 것 같은데 집이나 사무실에 걸어 놓을 생각을 하니 과하다는 생각이 들어서 구매를 포기했다. 농촌 마을에서 묵묵히 자신의 예술세계를 추구하는 분의 그림을 구매해 주고는 싶었으나...

대구의 한 업체와 자매결연을 하여 고구마 소주를 독점 공급하고 있고, 그 인연으로 한국을 방문하였다.

도요시게 촌장이 귀향 후 진행한 첫 번째 수익사업인 배양토. 작물을 재배하기 좋은 환경을 만드는 유익한 미생물이 많은 흙을 만들어 판매 사업으로 초기 마을 주민들의 소득증대에 기여했다고 한다.

▲ 한국으로 수출되고 있는 고추가루. 500g에 3만 원 정도에 일본에서 판매되고 있고, 매운맛과 맵지 않은 맛 등 2가지로 출시되고 있다.

마을 광장에 세워진 고추 조형물이 신기해 여쭤보니 한국에서 고추 모종을 가져다 심고 고춧가루로 가공해 한국으로 수출한다고 한다. 그것을 기념해 세운 조형물이라고 한다. 고춧가루가 일본에서도 수입되는지 처음 알게 되는 순간!

토착균을 이용한 배양토 사업, 지역 특산품인 고구마를 활용 고구마 소주 사업, 고추 재배 등 마을 내 소득을 높이기 위한 다양한 시도들이 주민들의 참여로 진행되고 있어 인상적이었다.

▲ 마을 도로에 설치된 마을 주민들과 예술가들의 참여로 만들어진 작품.

매년 5월에 마을에서 열리는 예술 축제. 마을에 거주하는 예술가들과 마을 주민들의 참여로 기획된 것으로, 이 기간에는 가고시마 지역을 비롯하여 일본 전역에서 사람들의 참여가 많다고 한다.

도요시게 촌장은
1960년 현립 상업고등학교 졸업한 뒤 동경도민은행에 입사
1971년 귀향하여 장어 양식을 시작
1981년 장어 전문점 「장어 川豊」 창업
1996년 야네단 마을 자치 활동을 본격적으로 시작.

1996년 당시 55세로 자치 공민 관장에 취임한 이래 마을의 자립과 부흥을 위해서는 행정에 의하면 안 된다는 신념을 바탕으로 주민과 함께 마을 부흥에 노력하고 있다.

> "리더는 용기와 집념, 아이디어와 정책을 가지고 있어야한다.
> 또한 말한 것은 즉시 실천한다.
> 자신의 땀과 행동 이외에는 믿을게 아무것도 없다"

도요시게 촌장 개인적으로는 은행원으로 일하다 사업을 시작한 뒤 성공과 실패의 우여곡절을 겪으며 많은 역경의 길을 걸어왔지만. 그 어떤 것도 자신의 열정과 신념을 꺽지는 못 했다고 한다. 좌절의 순간에 멈추지 않고 오히려 한발 더 나아가 마을 전체가 더불어 살아가는 방법을 모색하고 당신의 신념대로 실천하고 또 실천해 오늘의 야네단 마을을 만드는 일등 공신이 되었다. 그 공로로 우리나라로 치면 대통령상을 비롯해 많은 상을 받고도 마을은 여전히 자력갱생의 원칙을 지켜나가고 있다. 그 흔한 번듯한 건물 하나 보이지 않는 것이 오히려 이 마을의 장래를 밝게 해주는 것 같다.

우리가 방문해서 본 것은 사실 야네단 마을의 빙산의 일각에 불과하다. 2시간 남짓의 짧은 시간으로는 촌장님의 이야기를 다 듣기도 힘들었고, 마을을 둘러보고 이 마을이 움직여 가는 시스템들을 하나하나 알아보기엔 턱없이 부족하였다. 원래의 예정대로 마을 게스트하우스를 이용할 수 있었다면 언어의 장벽이 있었더라도 더 좋았겠다는 생각이 들었다.

야네단 마을에 대한 더 자세한 정보는 http://www.yanedan.com를 참고하기 바란다.

야네단 마을 견학은 먼저 역사관에 들러 마을의 역사에 대한 설명을 듣고

야네단 마을 견학 Tip

마을회관으로 이동한 뒤 마을 재생 사례에 대한 강의와 질의응답 시간을 갖는다.

강의 후 마을 예술 공방을 보고 미래관에서 다과를 가진 후 아쉬운 작별!

이영미 선생님은 고등학교 교사 정년퇴임 하신 후 한없이 자유로운 영혼이 되어 세상을 떠돌고 계신다.
사실 나는 이영미 선생님의 팬이다.
보라색 머리와 시크한 듯하지만 정감이 넘치는, 무엇보다 다이나믹한 움직임과 쿨한 말투에 매료되었다. 맨 처음 뵈었을 때는 뭔가 가까이하기엔 먼 당신과 같은 느낌이었다면 볼수록 빠져드는 매력이 넘치는 분이다.
4차원 소녀 같은 느낌이다.

3월 19일 숙소 |
아시아태평양농촌연수센터(KAPIC)
http://www.ibusuki-seaside.co.jp/hotspring/

야네단에서 아쉬운 일정을 끝내고 숙소인 아시아태평양 문화센터로 가는 길, 차창 밖으로 보이는 유채꽃 풍경이 아름답다.

계획대로라면 야네단에서 폐가를 리모델링해서 운영하는 게스트룸에서 민박하면서 현지인들과 이야기하는 시간을 갖는 것이었다. 하지만 안타깝게도 마을 사정으로 부득이 숙소를 달리 잡을 수밖에 없었다.

종일 많은 곳을 돌아다녀서인지 피곤함이 밀려왔다. 방에 짐을 풀고 곧장 식당으로 이동하여 저녁 식사를 하였다.

야네단에서 민박이 취소된 후 갑자기 변경된 숙소라 사전 정보가 없었다. 우리나라 청소년 연수원 같은 느낌이어서 다소 불편하였지만, 하룻밤이고, 깊은 산속에 있는 곳이라 주변 경관도 좋아 만족스러웠다. 다만 식사는 매우 불만족스러웠다. 밥심으로 사는 나에게는 더욱 그랬다. 한국 식단은 대체로 푸짐하다. 물론 그래서 버려지는 음식물이 많기도 하지만. 이곳은 식사를 신청한 사람 숫자만큼의 양(일본 기준)만이 나오는데 그 양이 우리의 기준으로 보면 턱없이 부족했다. 식사하면서 내내 일행들에게 미안한 마음이었다. 결핍을 즐길 나이는 이미 넘어선 분들이기 때문에 더욱 그랬다. 내일 점심까지 두 끼의 식사가 더 남았는데 걱정이 되었다.

게다가 이곳은 첩첩산중에 있는 곳이라 설치된 자판기를 제외하고는 군것질거리가 없었다. 사전에 충분히 고려하지 못한 실책을 두고두고 탓하는 순간이었다.

1박 3식을 포함해서 5만 원(시트와 수건 등도 별도 비용을 지불하고 빌려야 한다) 남짓한 곳이니 학생들의 단체 연수 등에 이용하면 좋을 듯하다. 식사와 숙소가 고급스러운 곳은 아니지만 약간의 사전 준비를 하고 온다면 가족 단위 예약도 가능한 곳이니 충분히 이용할 만한 곳이다. 그만큼 자연환경이 좋고, 시설 안에서 세계 민속관과 같은 관람 시설도 있고, 사전 예약 시 전통문화 체험과 같은 프로그램을 신청하여 이용할 수 있다.

여행을 기획하다 보면 가장 신경이 곤두서는 일이 사람이다. 어떤 분들인지 사전 정보가 없으면 일정 진행 내내 마음이 쓰인다. 일행 상호 간 불편함이 없어야 한다는 게 단체 여행에서 가장 중요하기 때문이다.

딴딴한 짱돌 같았다. 바위산에서 봄 직한 것이라기보다는 바닷가에서 만난 몽돌같이 모던하지만 응축된 무언가를 내면에 담은 것 같았다. 내가 갖지 못한 느낌이어서 그런지 처음엔 매우 이질적이었지만 그것만의 매력에 자꾸 맘이 가는 묘한 힘이 있다.

사람이 사람을 경계하는 것은 요즘 세상살이에서 당연한 듯 보이지만 그것은 그냥 두려움일 뿐이다. 반면 두려움이 없는 여행은 설렘도 없다. 사람도 마찬가지다. 낯섦이 주는 두려움을 오롯이 받아 드리고자 하는 마음의 준비가 없으면 좋은 친구를 사귈 수 없는 것 같다.

정혜숙 선생님은 내게 그런 느낌이었다.

2019년 3월 20일
──────── 수요일

3일째가 되었다. 여행에서 시간은 물처럼 흘러간다. 여긴가 싶으면 저기고, 저긴가 싶으면 또 여느 곳이다. 어느 순간 현실감이 사라지면서 그저 바람에 실려 떠 다닌다. 그런 느낌이 좋다.

이른 아침 산책을 나섰다. 창 밖으로 보이는 연수원의 새벽 풍경에 누워있을 수가 없었다. 카메라를 들고 나섰다. 새벽 공기를 한껏 들이 마신다. 물내음, 풀냄새, 바람냄새... 마음이 편안해진다. 자연 속에서 느끼는 이런 기분을 상쾌하다고 표현해야할지, 싱그럽다고 해야할지 모르겠다. 평온하다.

오늘 일정은

1. 이곳 연수원에서 일본 문화체험으로 일본의 전통복식인 기모노를 입어 보기로 했다.
2. 연수원 내에 있는 세계 민속관 관람 후 점심을 먹고
3. 항구로 이동, 배를 타고
4. 검은 모래로 유명한 이부스키 온천에서 숙박하는 것이다.

어제와 달리 많지 않은 일정이라 마음이 좀 느긋해진다.

오늘 일정은

1. 이곳 연수원에서 일본 문화체험으로 일본의 전통복식인 기모노를 입어 보기로 했다.
2. 연수원 내에 있는 세계 민속관 관람 후 점심을 먹고
3. 항구로 이동, 배를 타고
4. 검은 모래로 유명한 이부스키 온천에서 숙박하는 것이다.

어제와 달리 많지 않은 일정이라 마음이 좀 느긋해진다.

일본 문화 체험을 권유받았을 때 특히 기모노를 입어 본다는 것에 순간 망설여졌다. 기모노는 일본을 상징하는 대표적인 복식일 뿐이지만 왠지 불편한 느낌이 들었기 때문이다. 어느 책의 제목처럼 가깝지만 먼 나라인 일본, 우리와는 묘한 경쟁 관계에 있는 이웃 나라다. 도올 선생의 말을 빌리자면 세계에서 일본을 우습게 여기는 나라는 한국이 유일하단다. 중국에서 한국으로 들어온 문화가 한국에서 독자적으로 만개하고 그 문화가 또 일본으로 전파되었다는 역사적 사실에 기인한 문화적 자부심, 과거 침략을 당해 수모의 세월을 살았지만, 절대 굴복하지 않았던 민족적 자부심, 경제 강국임이 분명하지만, 독일과 다르게 전범의 역사를 반성하지 않는 정신적 빈약함을 질타하는 것에 뿌리를 두고 있다고 생각한다.

그런 영향과 스스로 기모노를 입은 나의 모습이 상상이 되지 않는 터여서 기모노 착장 체험이 불편하게 느껴져 주저하면서 함께 하시는 분들에게 여쭈어보았다. 내 생각과 달리 크게 거부감을 표시하시는 분들이 계시지 않아 도요시게 촌장님의 추천에 따라 기모노와 일본 문화 체험을 진행하기로 하였다.

전통 기모노는 착장 자체가 혼자서 하기에는 무리가 있는 다소 복잡한 격식을 갖춘 옷이어서 도움을 받아야 한다고 한다. 그래서 네 분의 일본 전통문화 계승자분들을 초빙하여 체험이 진행되었다. 연수원 담당자가 자세한 설명과 함께 진행해 주었고, 남녀로 방을 나누어 옷을 입었다. 한 30여 분 정도의 시간이 소요되었다.

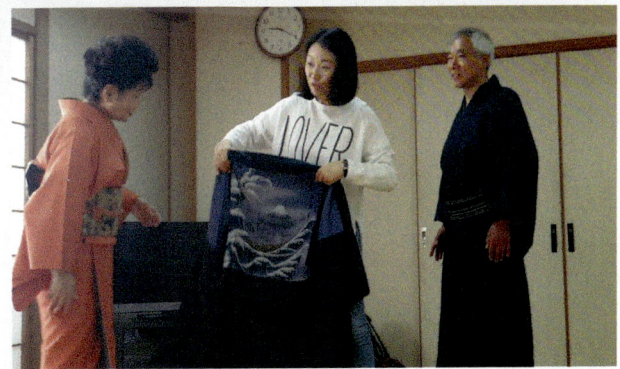

기모노는

나라 시대[奈良時代 : 645~724] 초기부터 현재에 이르기까지 일본인 남녀가 즐겨 입어왔으며 중국의 파오[袍] 양식의 옷에서 유래했다. 기모노의 기본형은 발목까지 내려오는 길이에 소매는 길고 넓으며 목 부분이 V자로 패여 있다. 단추나 끈이 없이 왼쪽 옷자락으로 오른쪽 옷자락을 덮어 허리에 오비[帶]를 둘러 묶는다. 여성들의 겉옷인 소매가 짧은 기모노(고소데[小袖])는 무로마치 시대[室町時代 : 1338~1573]에 도입되었으며 현재 쓰이는 넓은 오비는 18세기부터 사용되었다. 기모노는 흔히 생각하듯이 원래 일본 옷은 아니지만 그 뛰어난 아름다움은 17~18세기 일본의 의상 디자이너들이 이루어낸 것이다.

결론적으로 말하자면 다른 부분에 의미를 두지 않는 분이라면 추천해 드릴만 한 경험이었다. 다만 격식에 맞게 갖춰서 경험해 볼 것을 권한다. 요즘 서울 궁궐이나 전주 한옥 마을 같은 곳에 가면 한복 체험을 할 수 있는 곳이 많고 실제 내외국인을 가리지 않고 많은 분이 이용한다. 하지만 전통 한복과는 다소 거리가 있는 한복인가 싶은 그런 옷들이 상업화돼서 돌아다니는 것을 보면 거부감이 든다. 옛것이 무조건 좋다는 것이 아니라 문화에는 전통이 있고, 전통은 그 시대의 격과 식을 반영하는 것이라 편의만을 추구해 전통이 가지고 있는 역사성까지 버리는 것은 아니라고 생각한다. 특히 국적 불명의 옷을 만들어 한복이라고 체험하게 한다면 이는 온고지신이 아니라 제 문화를 폄훼하는 것에 불과하다.

그런 점에서 이곳의 기모노 체험은 격식이 잘 갖춰져 있어 그 자체로 하나의 좋은 문화 체험이 되었다. 전통문화 계승자들의 섬세한 도움과 진행자의 친절한 설명이 인상적이었다. 물론 전적으로 통역을 해주신 전예원 선생님과 김수지 선생님의 공로이다.

건물 곳곳에 떨어지는 빛이 만들어내는 그림자가
원래 그곳에 있는 것 마냥 재미있는 풍경을 만들어 낸다.

사람에 따라 어울림이란 게 있다. 평소에는 잘 인식되지 못하다 우연한 기회에 그러한 특징이 나타나는 경우가 있다. 기모노 체험을 하면서 자신만의 고유한 스타일의 중요성을 다시 느낀다. 기모노 복장이 자연스럽고 어울림이 멋진 사람들이 있는가 하면 내 경우는 부자연스러움의 극치를 보여준다. 하기야 몸매 자체가 둥그러니 무엇을 입든 자태를 뽐낼 일이 뭐 있겠는가마는.

1시간여가 넘는 기모노 체험이 끝나고 일본 전통문화 전수자분들이 직접 일본 전통춤을 공연해 주셨다. 기모노를 입고 추는 일종의 부채춤과 같은 것인데 기모노의 특성상 움직임이 적지만 매우 섬세한 선을 만들며 추는 춤이 인상적이다.

일본 장인들의 춤을 보시더니 김영숙 선생님 즉석에서 장인들의 춤사위를 흉내를 내어 보여주시는데 평소의 춤 솜씨답게 장인들의 칭찬을 들으셨다. 대학에서 성악을 전공하신 송영미 선생님이 답가로 가곡 두 곡을 불러 주셨다. 다들 최소 오십 언저리에서 만난 분들이라 사실 함께 오신 선생님들의 재능을 다 알진 못한다. 대부분 위더스 센터 교육을 통해 만났던 터라 교육생의 모습대로만 기억하지만 위더스에는 의외로 다재다능한 분들이 많다. 그분들의 재능과 삶의 지혜들을 더 많이 많은 분과 나눴으면 하는 바람이다.

기대 이상으로 반응이 좋았던 기모노 체험을 끝내고 연수원 내에 있는 세계민속체험관을 방문하였다. 세계 각지의 민속 악기들과 의상, 전통 놀이기구 등을 볼 수 있었으며, 무엇보다 직접 만져보고 연주해 볼 수 있어서 좋았다.

큐레이터가 두 분 계셨는데 민속관 소개와 더불어 멋진 연주를 들려주셨다. 국내의 경우 연수원과 같은 시설에 설치된 이런 유형의 박물관 혹은 민속관은 개장 초기와는 달리 방치되기 일쑤인데 이곳은 자체 프로그램으로 연수생들에 대한 체험을 진행하고 있었으며 악기와 의상 등 각국의 민속자료에 대한 관리 상태 또한 훌륭했다. 대부분의 악기는 실제 연주를 할 수 있는 상태였고, 의상이나 민속품들의 상태 또한 좋았다. 전문 큐레이터가 배치되어 체계적으로 관리를 하고 운영 프로그램들을 지속해서 개발해야 가능한 일이다. 덕분에 기대하지 않았던 즐거움을 맛볼 수 있었다.

이부스키 가는 길

아시아태평양농촌연수센터에서의 일정을 끝내고 검은 모래 온천지역인 이부스키로 가기 위해 미나미오스미쵸의 네지메항으로 이동했다. 버스를 이용해 육로로 숙소가 있었던 가노야시에서 이부스키까지 거의 4시간 이상을 가야 하지만 배편을 이용하면 50분 정도면 간다고 한다.

연수센터에서 1시간 남짓을 버스로 이동하여 도착한 곳은 네지메항. 이곳에서 페리를 타고 가고시마만 건너 이부스키 야마카와항으로 가는 것이다. 네지메항에서 야마카와항(山川港)으로 가는 배편은 차와 함께 탈 수 있는 페리(50분 소요)가 있고, 사람만 타는 고속선(20분 소요)이 있다.

페리 시간이 1시간 가까이 남아 네지메항 인근을 둘러보고 기념품을 샀다.

네지메항(根占港)
가고시마현 기모츠키군 미나미오스미쵸(南大隅町)

요즘 우리나라도 이런 스템프를 비치하고 있는 곳들이 늘어나고 있지만, 일본은 거의 모든 곳에 비치되어 있다.

가장 저렴한 비용으로 관광지에 대한 기억을 남겨줄 수 있는 좋은 방법인 것 같다.

페리 시간이 1시간 가까이 남아 네지메항 인근을 둘러보고 지역 특산품을 판매하는 매장에 들러 군것질거리와 몇 가지 물품을 샀다. 어떤 분은 애타게 찾던 모종삽과 원예용품을 사기도 하고 나는 고구마 소주 미니어처를 득템했다.

예정에 없던 이런 우연한 시간이 다소 긴장한 마음을 풀어 주어 여행을 더 즐겁게 만들어 준다. 아무래도 단체로 움직이는 견학 여행은 여백이 부족하기 때문이다.

시원한 바닷바람을 타고 항상 유쾌하신 이영미 선생님은 페리에서도 쉬지 않고 움직이신다. 즐거움 그 자체다. 보는 사람 또한 더불어 즐겁다. 그 에너지가 전염된 탓에 정혜숙 선생님과 홍천 자올방 선생님까지 덩달아 퍼포먼스를 하신다. 여행은 사람을 무장해제 시키는 묘한 매력이 있다.

가고시마현의 가장 남쪽인 가고시마만.
비단강을 뜻하는 긴코완(錦江灣)이라고 불린다.
바다 건너가 이부스키 지역이다.

이부스키에 도착한 후 곧바로 숙소인 씨사이드호텔로 향했다.
〒891-0402 鹿児島県指宿市十町1912,Jyucho,Ibusuki-shi,이부스키

3월 20일 숙소 |
씨사이드 온천 호텔 seaside spring hotel
이부스키 온천 검은 모래찜질 指宿温泉
http://www.ibusuki-seaside.co.jp/hotspring/

가고시마 반도 남단의 이브스키만이 바로 눈앞에 내려다보이는 리조트 호텔로 이브스키의 명물인 모래찜질 온천과 가이세키 요리가 유명한 곳이다.

리뉴얼된 노천온천 객실은 바다가 보이는 발코니 테라스에 노천탕이 있어 절경을 바라보며 마음껏 입욕을 즐길 수 있다. 일본 전통식 객실을 선호하는 사람들에게는 일반 화실 객실을 추천한다.

갓 잡아 올린 싱싱한 해산물로 이루어진 가이세키는 가고시마 본연의 산해진미를 느끼기 충분하다. 더불어 여름 시즌에는 호텔에 있는 야외풀에서 신나게 수영을 즐길 수도 있다. 아열대 나무가 흔들리는 남국 느낌이 충만한 곳으로 3성급 호텔이다.

―― 모래찜질 이용료는 1,500엔 ――

1. 탈의실에서 유카타로 갈아 입는다.
※ 유카타 안에 아무것도 입지 말고, 머릿밑에 깔 수건을 가지고 모래찜질 장으로 이동.

2. 모래찜질 장으로 입장하면 모래를 덮어 주는 직원들의 안내에 따라 지정된 장소에 눕는다.

3. 10~15분 지나면 모래에서 나온다.

 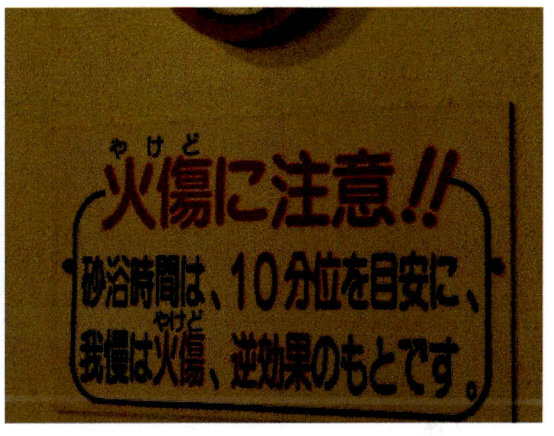

4. 모래찜질 후에는 목욕탕으로 이동, 대강 몸을 씻고 온천을 이용한다.

5. 화상을 입을 수 있으니 10분 정도가 적당하다고 함.

큐슈지역의 벳부 등과 더불어 가고시마는 온천지역으로 잘 알려진 곳인데 그중에서도 이부스키는 검은 모래찜질이 유명한 곳이다. 모래찜질 온천은 해안에서 솟아나는 온천의 열로 데워진 모래를 몸 위에 얹어서 온천의 효과를 얻는 것인데, 뜨거운 탕에 들어가서 하는 일반온천과는 달리 우리의 여름철 해수욕장에서 하는 모래찜질과 비슷한 형태이다.

모래찜질 온천의 효능은 다음과 같은 3가지의 조건에서 비롯된다고 한다.
1) 누워서 온천욕을 즐기므로 온몸으로의 혈액순환이 원활하다. 2)모래의 압력으로 심장에서 내뿜는 혈액의 양이 증가한다. 3) 55도 전후의 고온이 혈관을 확장하고, 심장 기능을 향상해서 혈액순환을 촉진한다.
최근에는 땀을 통한 노폐물의 배출이 여성의 미백과 다이어트에도 효과가 있다고 알려져 많은 여성들의 관심을 받고 있다. 사람들 사이에서 말로만 전해져 온 모래찜질 온천의 효과를 의학적으로 증명한 사람은 가고시마 의과대학의 다나카 교수다. 혈액의 순환촉진에 의한 말초노폐물과 염증성 물질의 배출, 그리고 충분한 효소와 영양의 공급이 모래찜질 온천 효과의 근원이며, 일반온천 3~4배의 효과가 있다고 결론지었다. 의학적으로 효능이 증명된 모래찜질 온천은 이브스키가 세계에서 유일하다고 한다.

저녁 식사는 이곳의 대표 요리인 가이세키 정식

전날 저녁부터 농촌연수센터에서 세끼를 다소 부실하게 먹어서인지 이곳의 대표 메뉴인 가이세키 요리를 보니 먹기도 전에 입맛이 돈다. 특히 먹는 것을 유달리 좋아하는 나로서는 거의 황홀경이다. 바다에 인접한 도시답게 해산물 요리와 가고시마 흑돈과 흑우 샤브샤브 등 다양한 요리로 나왔다.

가이세키 요리는 일본의 코스 요리를 의미한다. 가이세키 요리는 1629년에 처음 등장했다. 초기에는 주로 연회장에서 내던 술과 함께 먹는 요리를 뜻하였으나, 점차 다화회(茶話會) 요리의 의미가 사라지고 호사스러운 잔치 요리로 발전했다. 료칸의 저녁상에서 흔히 볼 수 있으며, 구성은 이치쥬산사이(一汁三菜, 국, 사시미, 구이, 조림으로 구성된 상차림)를 기본으로 한다.

여기에 오토오시(お通し, 기본 요리에 앞서 나오는 간단한 안주), 튀김, 찜, 무침, 스노모노(酢の物, 식초로 양념한 요리) 등의 슈코우(酒肴, 술안주)가 더해지고 마무리로는 밥, 국, 쓰케모노(漬物, 채소를 절임 한 저장 음식), 과일 등이 제공된다. 출처 [네이버 지식백과] 가이세키 요리 [Kaiseki]

이부스키 씨사이드 호텔에 도착한 후 잠시 주어진 시간 동안
부지런한 이분들은 검은 모래 해변에서 아이들처럼 뛰어다니며 놀이를 한다.

" 바람 불어 좋은 날이다. "

홍천에서 천연화장품 공방 자올방을 운영하시는 박은희 선생님은 동네 누나 같은 분이다. 교직에 계시다 귀촌을 하신 후 공방을 차리고 건강하고 균형 잡힌 삶을 위한 노력과 공부를 게을리 하지 않는 분이다. 일신우일신(日新又日新)을 떠올리게 하는 선생님은 포근함과 활달하면서도 섬세한 배려가 있어 친하게 지내고 싶은 분이다.

블로그에선 본 박은희 선생님의 글이 인상에 남는다.
"이윤보다는 사람을 지향하는 삶. 자연을 이롭게 하는 활동을 이웃님들과 함께하고 싶습니다"

자올방은 우리말로 친구들과 사이좋게, 다정하게 지낸다는 뜻!

2019년 3월 21일
——————— 목요일

어제와 달리 오늘은 일정이 무척 많다. 발효 공부를 목적으로 하는 여행의 특성상 가능한 많은 곳을 볼 수 있도록 일정을 짰기 때문이다.

둘째 날은 식초, 어제는 농촌 마을 재생 사례, 오늘은 술과 연관 있는 농가와 시설들을 주로 방문할 예정이다.

마르스 츠누키 증류소 Mars Tsunuki Distillery (위스키증류소) マルス津貫蒸留所
고구마 소주 – 메이지구라 주조장 & 레스토랑 花渡川ビアハウ
– 무쌍
사츠마아게 체험, 시식(어묵과 비슷)
가고시마 시내로 이동한 후 타이세이비지니스 호텔 숙박
일본 전통 포장마차 야타이무라 방문, 식사

첫 방문지로 예정되어 있던 일본식 피클인 츠케모노 체험장인 니치텐은 현지 사정상 방문할 수가 없게 되어 조금 느긋하게 이부스키에서 출발할 수 있었다. 씨사이드 호텔에서 조식 뷔페를 먹고 출발 준비를 하였다. 어젯밤부터 비가 내리더니 아침이 되어서도 개었다 내리기를 반복한다. 여행지에서 만난 비는 무척 반갑다. 쨍쨍한 날에 느낄 수 없는 묘한 분위기를 만들어 주기 때문이다. 게다가 여기는 바다가 일상으로 보이는 곳이 아닌가…

씨사이드 호텔 로비에서 보는 바다가 야자수와 어우러지면서 이국적인 느낌이 물씬 풍긴다. 비와 바람이 야자수를 흔들며 멀리 보이는 수평선 위 잿빛 하늘이 멋진 풍경을 만들어 낸다.

참… 좋다…

오늘은 종일 술을 맛보는 날이다. 나는 주당 스타일과는 거리가 먼 탓에 술을 잘하지는 못하지만, 술의 그 오묘한 껄끄러움을 즐기는 편이다. 그러니 한두 가지의 술을 마시기보다는 흔히 말하는 짬뽕 스타일이다. 특히 뭔가 특이한 제법 혹은 이야기 있다면 사족을 못 쓴다. 굳이 말하자면 미식에 가까운 스타일이다.

매년 6월경 코엑스에서 서울 국제 주류박람회가 열린다. 또 7월경에는 서울 사케 페스티벌, 11월에는 킨텍스에서 월드 와인 및 주류박람회가 열린다. 특별한 일정이 없는 한 가는 곳인데 이유는 단 한 가지다. 국내 전통주는 물론이고 와인, 위스키 등 각국의 다양한 술을 그야말로 다양하게 맛볼 수 있는 곳이기 때문이다. 대부분 같은 주종 안에서 차이를 구분할 만한 미식을 가진 것은 아니지만 그 자체로 즐거운 하루가 된다.

우리가 방문 예정인 곳은 가고시마를 대표하는 위스키 증류소와 고구마 소주 양조장, 맥주를 시음할 수 있는 곳이다. 위스키, 소주, 맥주를 고루 맛볼 수 있으니 즐거운 하루가 될 것이 분명하다.

이부스키에서 출발해 국도를 타고 츠누키증류소로 가던 중 휴게소에 들렀다. 우리나라 국도에서 흔히 볼 수 있는 규모의 작은 휴게소로 로컬푸드 매장을 겸하고 있었다. 인상적인 것은 신선 식품과 모종, 꽃 등을 판매하고 있다는 점이다. 농산물마다 사진과 함께 생산자 표시, 생산 이력이 붙어 있었다. 매장 안을 둘러보니 현지인도 활발히 이용하고 있었다.

사회문화적 차이겠지만 우리나라 고속도로와 국도변에 이와 유사한 로컬푸드 매장들이 있지만, 이곳처럼 신선 식품을 판매하는 곳은 거의 없다. 팔리지 않으니 내놓을 이유가 없을 것이다. 하지만 역으로 생각해보면 없으니 사지 않는 것이 아닐까…

어떤 일이든 자리를 잡기 위해서는 시간과 노력이 필요하다. 우리네 농촌에 더욱더 많은 로컬푸드 매장이 생겨나고 그 마을과 지역의 사랑을 받는 매장으로 거듭났으면 하고 바라본다. 마을 사람들조차 이용하지 않는 매장을 외부 사람들이 과연 이용할 것인지 생각해 볼 일이다. 그래서 로컬푸드 매장은 먼저 그 마을과 지역 사람들이 이용할 수 있도록 구성해야 한다고 생각했다.

마르스 츠누키 증류소
Mars Tsunuki Distillery (위스키 증류소)
マルス津貫蒸留所
https://www.hombo.co.jp

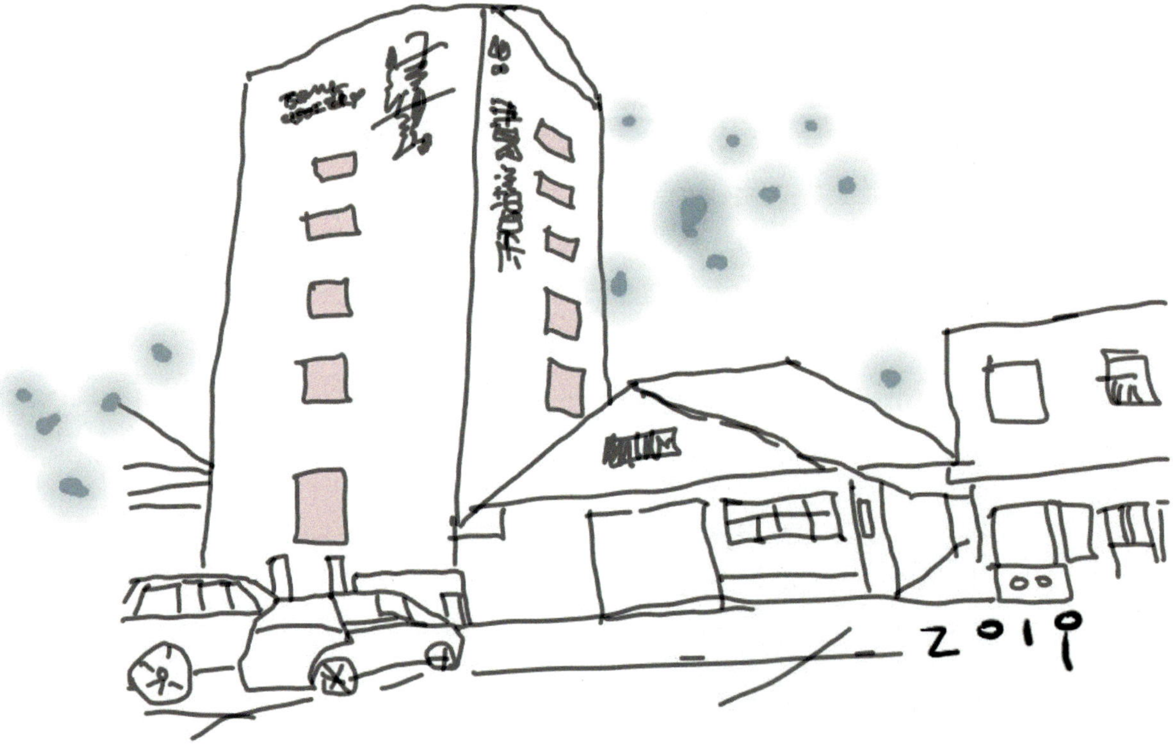

본방주조의 높이 26m 심볼 타워.
과거 증류탑으로 사용되던 것을 본방주조의
역사관으로 활용하고 있다.

가고시마 사츠마 반도 남서부의 푸르른 산속에 자리 잡은, 본토 최남단의 위스키 증류소「마르스津貫증류소」. 온화한 기후와 양질의 수자원에 내린 津貫는 츠누키증류소의 모회사인 홈보주조가 시작된 곳이다. 홈보주조는 종합 주류회사로 사츠마를 대표하는 특산물 "고구마"를 사용하여 소주 양조를 시작한 지 100년이 넘은 회사다.

현 위치는 1872년 홈보가의 사업이 시작된 이래, 1909년 츠누키에 소주 공장을 설립, 1918년에는 연속식 증류 소주를 생산하던 역사 깊은 시설과 저장고들이 있던 곳이다.

1990년대 시작된 일본 버블경제 붕괴의 여파로 홈보주조도 위스키 증류소를 폐쇄하게 되었다가 2009년 경기회복과 일본의 하이볼 붐을 타고 위스키 수요가 늘면서 증류를 재개하였다.

2013년 WWA(월드 위스키 어워드)에서 월드 베스트 블렌디드 몰트에 선정되면서 세계적인 위스키 제조업체로 명성을 얻게 되었다고 한다.

츠누키증류소는 가고시마현 미나미싸스마시에 위치한 곳,
혼보주조에서 운영하는 2곳의 증류소 중 한 곳으로 2016년부터 가동 중이다.
견학코스는 증류 시설 관람 -> 숙성저장고 -> 혼보역사관 및 매장 순으로 안내된다.

증류동은 2층으로 구성되어 있는데, 1층에서 먼저 혼보주조의 역사와 위스키 증류
과정 등에 대한 설명을 듣고, 2층으로 올라가면 유리창을 넘어 위스키 제조과정인
당화, 발효, 증류와 같은 전 생산 공정을 관찰할 수 있다.

   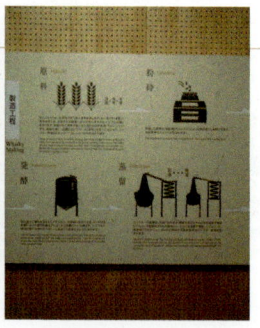

증류동 관람이 끝나면 숙성 저장고로 이동하여, 오크통에서 숙성되고 있는 위스키들을 볼 수 있다. 위스키의 숙성 방식 등에 대한 자세한 설명을 들을 수 있고, 츠누키 증류소만의 특별한 아이템들을 소개받을 수 있다.

혼보주조 가문의 집으로 사용되었던 곳을 개조하여 시음과 판매점 등을 겸한 휴식 공간을 제공하고 있다. 위스키를 시음해 볼 수 있고 구매도 가능하다.

2기의 대형 동증류기

매우 특별한 체험이라고 한다. 증류기에 난 유리창을 통해 증류되는 과정을 볼 수 있다.

오래된 석조 건물을 숙성 저장실로 사용하고 있다.

숙성 저장실 내부 오크통들이 숙성연도별 종류별로 보관되어 있다.

숙성에 사용되는 오크통은 아메리칸 오크통을 사용하는데, 사쿠라 목재 상판을 끼워 넣은 특별한 3개의 통과 매실을 담았던 오크통에 위스키 원액을 담아 숙성해서 매실 향을 입힌 통 등 다양한 숙성 통들을 사용함으로써 새롭고 다채로운 풍미의 위스키 생산을 시도하고 있다.

2015년 시작한 곳이라 이제 3년 숙성된 위스키가 숙성되고 있어 좀 더 숙성된 위스키를 맛보려면 몇 년은 더 기다려야 한다고 한다.

우측의 사진은 오크통의 양 측면에 유리를 설치해 숙성 통 내부를 볼 수 있게 하였다.

츠누키증류소의 1호 오크통.
모든 오크통에는 담는 순서에 따라 고유한 번호가 붙는다.

Cafe Bar & Shop

증류소에 인접한 본방주조 사택. 전통 목조 건축의 일본식 단층 저택 1933년에 건축. 옛집 특유의 지붕을 구성하는 기와의 아름다움과 고급스러운 마무리, 위엄있는 모습에서 계절마다 시시각각 표정을 바꾸는 정원을 즐길 수 있다.

저택에서 마르스 위스키를 맛볼 수 있는 BAR와 오리지널 상품, 주류를 판매하는 SHOP을 겸비한 일본과 서양이 융합된 공간을 연출하는 휴식 공간을 제공. 증류소 한정 위스키나 소주, 오리지널 상품, 지역 특산품을 판매한다.

혼보주조의 고구마소주, 매실주, 위스키들이 전시되고 있으나 8년 숙성 위스키와 매실을 담았던 오크통에 숙성한 위스키가 한정판으로 판매되고 있었다. 시음해보니 그 맛의 독특함이 마음에 들어 구매했다.

 동증류기를 배경으로 기념사진

일본은 1868년 메이지유신을 통해 본격적으로 서양의 문물을 받아들이며 자본주의의 길을 가게 되었다. 다양한 서양문물이 들어오면서 위스키나 맥주 등과 같은 서양 술과 관련된 기술들도 들어왔다.

새로운 문물이 들어오면 보통 그 사회의 상류층에서는 이를 적극적으로 받아들이고 동경하는 세력들이 생겨나 하나의 문화적 현상으로 발전하게 된다. 개항기의 일본에서도 그러한 분위기를 타고 위스키나 와인을 즐기는 문화가 생겨났고 자연스럽게 제조와 관련 기술도 발전하였다.

특히 양조주를 증류하는 기술의 발전은 위스키뿐만 아니라 소주의 발전도 가져왔다. 1929년 일본 최초의 위스키가 출시되었고, 1890년대 전후로 맥주가 생산되었다고 하니 거의 개항과 동시에 일본 내 서양술의 역사가 시작된 것으로 보인다. 이러한 맥주, 와인, 위스키 등의 서양술은 일제강점기에 일본을 통해 우리나라로 건너왔다.

메이지구라 주조장 薩摩酒造 明治蔵
-고구마 소주, 보리소주, 맥주 생산과 레스토랑 운영
http://www.meijigura.com

일본의 양조장 입구에는 사진과 같은 둥근 공모양의 조형물이 예외 없이 걸려 있다. 사카바야시(酒林-さかばやし) 또는 스기다마(衫玉-すぎだま)라 불리는 것으로 '술의 숲'이라는 뜻의 푸른 삼나무잎으로 만든 공모형의 조형물이다.

술 빚음이 끝나는 4~6월경에 양조장에서 직접 만들어 '새로운 술이 빚어짐'을 알리는 역할로 각 양조장 현관 앞에 걸어 놓는데, 시간이 점차 흐를수록 갈색으로 변해가게 되어 술이 익어가는 과정을 대신하여 표현하는 역할을 한다. 완전히 갈색으로 변하는 시기가 되면 양조장 앞에 잘 익은 술을 얻기 위한 사람들의 발길이 이어진다고 한다. 삼나무잎이 술의 부패를 막아주는 효과가 있어 주술의 개념으로 사용했다는 설도 있다.

가고시마는 고구마 소주의 천국이라 할 수 있다. 주조장만 100여 곳 이 넘고 브랜드 숫자가 800여 개나 된다. 그곳 중 큰 규모인 메이지구라 주조장은 1936년에 설립된 곳이다. 고구마소주 박물관이 함께 있고, 고구마소주와 보리소주, 맥주를 생산하는 곳으로 고구마 소주 견학지로 잘 꾸며져 있어 추천할 만한 곳이다.

다양한 종류의 증류기는 물론 소주의 제조 과정이 미니어처와 보드로 잘 설명되어 있으며, 사용되는 누룩균의 종류와 사용되는 고구마의 종류 등을 정리해 두었다.

소주에 대한 이해

보통 알코올 도수가 높은 술은 증류주(蒸溜酒)에 속한다. 중국의 바이주(白酒), 러시아의 보드카, 영국의 위스키, 프랑스의 브랜디가 모두 증류주다. 중국의 바이주는 쌀이나 수수로 만든 양조주인 청주나 황주(黃酒)를 먼저 만든 후, 그것을 증류하고, 위스키는 주로 보리로 양조주인 맥주를 만든 후 그것을 증류해서 만든다. 브랜디는 포도를 원료로 만든 와인을 증류한 술이다. 우리나라에도 이러한 증류식 소주가 많은데 안동소주, 문배주, 영광의 백주 등이 있다. 최근에는 화요 등의 증류식 소주가 나와서 인기를 얻고 있다. 우리 전통 소주는 주로 쌀로 청주를 만든 다음 증류하여 만든다. 쌀로 만든 탁주를 청주로 거르면 대략 3~40% 정도를 얻고, 그것을 다시 증류하면 4~50도짜리 소주를 50% 정도 얻을 수 있다고 하니 10L 탁주로 얻을 수 있는 소주는 2L가 못 되니 비쌀 수밖에 없다. 소주가 우리나라에 전래된 것이 고려말 몽골 침략 즈음으로 알려져 있는데 이처럼 얻는 양이 적다 보니 조선 시대에도 소주는 귀한 술이었다고 한다.

하지만 우리가 즐겨 마시는 국민주 소주는 증류주가 아니라 '희석식 소주'라고 표시돼 있다. 고구마나 타피오카 같은 곡물을 알콜 분해해 정제시킨 주정(酒精)에 물과 향료를 희석했기 때문에 그렇게 표기된다. 원래 증류를 하기 위해서는 밑술인 양조주를 만들어야 하는데 이를 만들지 않고 발효균을 원료에 넣어 기계에서 연속으로 증류 시켜 만든다. 한국에서 팔리는 희석식 소주는 국가에서 일률적으로 제공하는 똑같은 주정을 이용해 만든 것이다. 단지 희석하는 방법과 첨가물에 약간의 차이를 두기 때문에 술맛이 아주 조금씩 차이를 보인다. 싼값 때문에 국민주가 되었다.

우리가 희석식 소주를 즐겨 마시기 시작한 때는 그리 오래지 않다. 희석식 소주를 만들기 위해서는 연속 증류를 할 수 있는 기계가 필요한데 대략 1930년대 전후 당시 일본에서 유행하던 연속 증류기를 일본인 주류제조업자들이 들여와 술을 생산했다고 한다.

"1937년 11월 3일 '동아일보'에는 '신식소주대증산(新式燒酒大增産)'이란 제목의 기사가 실렸다. "조선의 신식 소주는 1932년경에는 7만여 석에 불과하더니 매년 증대하여 1936년에는 18만7000석에 달했다"고 했다. 여기에서 신식 소주가 바로 연속 증류기에서 생산한 소주다. 당시 기사에는 재래주(在來酒)의 생산량이 43만4000석에 이른다고 했으니, 여전히 재래식 증류 소주가 주류였음을 알 수 있다."
- 출처 : 신동아 〈음식으로 본 한·중·일 문화 인류학〉 중에서 발췌 -

특히 조선총독부의 주세법이 허가제로 완전한 궤도에 오른 1934년 이후, 개인은 집에서 술을 담글 수 없게 됐다. 이로 인해 밀주가 아니면 소주는 오로지 공장에서 생산된 제품만 마셔야 했다. 이를 기점으로 한국 전통 증류주인 소주의 명맥이 거의 사라졌다.

증류식 소주	희석식 소주

곡물로 발효된 술을 끓여 증류해 낸 소주를 말한다. 전통적으로 소주를 만들어온 방식으로 '소줏고리'라는 도구를 이용한다. 소주의 술밑을 큰솥에 넣고 위에 고리를 올린 후 위층에 물을 붓고 아궁이에 불을 땐다. 그러면 알코올이 물보다 끓는점이 낮기 때문에 먼저 기체가 되어 날아오른다. 이러한 증류액을 모은 것이 소주가 된다.	희석식 소주는 값싼 타피오카, 감자 등의 곡물을 발효시킨 후 연속증류하여 얻어낸 95% 고순의 에탄올인 '주정'이 주원료다. 주정에 물, 그리고 감미료와 식품 첨가물을 첨가하여 만든다. 오늘날 시중에 파는 대부분의 초록색병 소주들이 희석식으로 만들어진다.

자료 제공: 대동여주도(酒)
www.facebook.com/drinksool

일본 소주는 오랫동안 일본술(니혼슈)이라 불리는 청주의 그늘에 가려져 있었지만 큐슈지방을 중심으로 성행하다가 2003년 이후 전성기라 해도 좋을 정도로 전국적인 인기를 누리고 있다.

일본 주세법상 소주는 갑류 소주와 을류 소주로 구분되는데, 증류식 소주인 을류 소주는 '본격 소주'라고 불린다. 쌀, 보리, 고구마, 메밀, 흑당 그리고 최근에는 깨, 밤 등이 소주의 원료로 다양하게 사용된다. 우리나라는 소주를 보통 그 자체로 즐기지만, 일본에서는 스트레이트로 마시기보다는 마치 우리가 위스키를 칵테일해서 먹듯 물이나 다른 음료에 섞어 마시는 방법이 보편화 되어 있다.

갑류 소주는 연속식 증류기를 사용하여 퓨젤 오일, 알데하이드, 불순물 등을 제거한 알코올 도수 36% 미만의 것으로 제품화한다. 깊은 풍미는 없으나 가격이 저렴한 편이다. 주정 또는 곡물 주정을 물로 희석한 우리나라의 희석식 소주와 유사하다.

을류 소주는 본격 소주(本格燒酎)라고도 한다. '을류'라는 표현이 '갑류'에 비해 질이 떨어지는 느낌이 들 수 있다는 일본 전통 소주 제조업체들의 청원이 반영돼 지금은 '본격 소주'라는 용어를 많이 사용한다.

본격 소주는 전분질 원료나 당질 원료를 발효시킨 알코올 함유물을 증류한 것으로, 쌀 소주나 고구마 소주, 흑당 소주 등이 있다. 단식 증류기로 증류하고 알코올 도수는 45% 이하여야 한다. 단식 증류를 사용하여 원료나 발효 과정 중에 생성된 성분을 함유하기 때문에 재료의 독특한 풍미를 그대로 지니며 고급품으로 인식된다. 본격 소주의 제조에 사용되는 원료는 법적 규제를 받는다.

소주의 맛을 좌우하는 것은 쌀이나 보리, 고구마 등의 원료만이 아니다. 소주 성분의 약 70~80%는 물로 구성되어 있다. 따라서 제조공정 중에 사용되는 물, 즉 양조 용수는 소주 제조의 핵심이다. 소주를 제조하는 양조장이 있는 지역에는 반드시 수질 좋은 하천이나 지하수가 존재한다.

일본 소주는 주요 4대 원료인 고구마, 보리, 쌀, 메밀로 만들어지며 최근에는 독특한 풍미의 깨 소주와 진한 단맛의 밤 소주가 인기라고 한다.

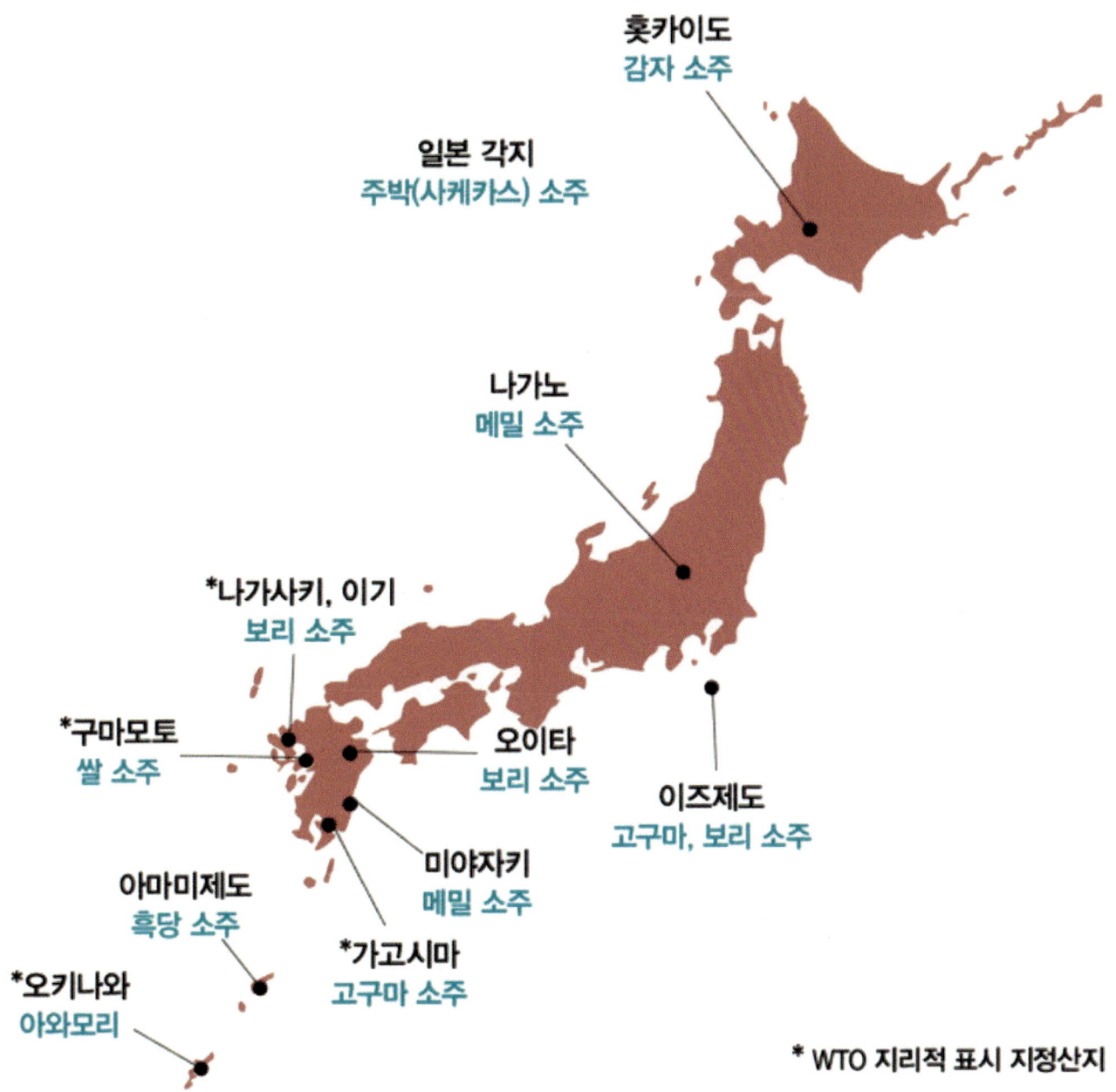

작은 지방의 전통주에 불과했던 가고시마의 고구마 소주가 일본을 대표하는 술인 니혼슈(사케, 청주)와 어깨를 나란히 하게 된 과정을 보면 재미있다.

과거 와인을 하루에 1-2잔 정도 꾸준히 마시면 심혈관질환에 좋다는 방송이 나간 후 국내에 와인 광풍이 불었던 적이 있는 것처럼 일본에서도 2003년 일본 전통소주(본격쇼추라 부른다)를 1-2잔 정도 반주로 마시면 당뇨에 좋다는 연구 결과가 발표되면서 서서히 인기를 얻더니 일본의 대표 공영방송인 NHK 아침드라마에 소주 전문점이 나오면서 전국적으로 인기를 얻기 시작했다.

여기에 속칭 애국심 마케팅까지 더해져 2003년 이후 소주는 일본의 국민주중 하나가 되었다.

"문화적으로 서양인의 양주와 재래식 증류주인 본격소주는 다르다. 우리는 건강을 위해 반주로 본격소주를 마신다. 알코올 중독자를 만드는 서양 증류주보다 일본의 본격소주는 건강에 유익하다. 그런데 주세가 똑같아져서 마시지 않는다면 일본의 국민주인 본격소주를 생산하는 우리 고향이 망한다."

당시에 이런 애국심까지 가세하고, 여기에 고향 회복 운동, 고향 음식 소비하기 운동과 같은 지역 활성화 프로그램도 큰 구실을 했다고 한다.

그 결과 일본 술은 누룩을 기초로'양조주=니혼슈' '증류주=소주(쇼추)'라는 도식을 만들어냈다.

큐슈지역의 술이었던 쇼추가 일본 전역으로 퍼져나가 지금은 국민주의 하나가된 이러한 이야기는 2010년 전후의 세계화 바람을 타고 막걸리 붐이 일었던 때와 비교가 된다.

당시 서민들의 국민 술이었던 희석식 소주만큼이나 막걸리 열풍이 국내외에 불었다. 하지만 몇 해가 지나고 나니 그 인기가 시들해지고 말았다. 여러 가지 이유가 있겠지만 기존의 저가 막걸리는 품질의 한계를 넘지 못했고, 우리 전통주는 대중성의 벽을 넘지 못했다. 그런 점에서 가고시마 고구마 소주의 전국화 과정은 참 부러운 이야기다. 일본 소주는 오랫동안 일본술(니혼슈)이라 불리는 청주의 그늘에 가려져 있었지만 큐슈지방을 중심으로 성행하다가 2003년 이후 전성기라 해도 좋을 정도로 전국적인 인기를 누리고 있다.

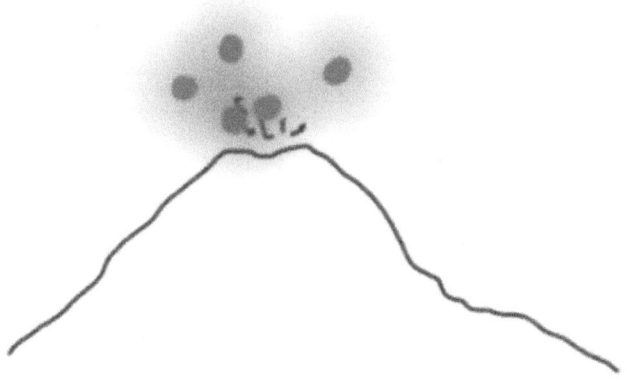

사용되는 누룩과 고구마의 종류에 따라 각기 다른 술이 생산된다고 한다. 메이지구라의 대표 고구마소주에 대해 설명을 해주신다.

고구마소주가 만들어지는 전 과정이 미니어처로 만들어져 전시되어 있다.

고구마소주 전통 제법. 지금도 사용되는 나무통이 스테인레스 발효조로 바뀌는 등 용구 일부가 달라졌을 뿐 대부분 전통 제법에 따라 고구마소주를 빚는다.

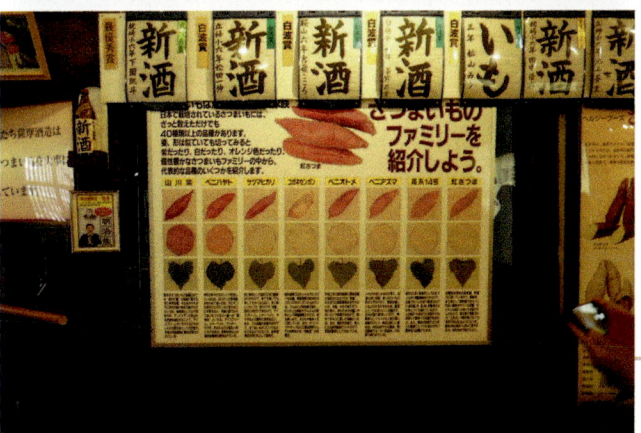

생각보다 훨씬 많은 종류의 고구마가 재배되고 있고, 고구마의 종류에 따라 술맛의 차이가 크다고 한다. 가장 많이 사용하는 8가지 고구마에 대한 소개.

sweet potato

발효 항아리는 외부 공기에 영향을 받지 않도록 일정 비율만큼 땅속에 묻어 사용하는데 균질한 품질 유지와 최상의 맛을 내는 데 유리하다고 한다.

나무통 증류기는 삼나무로 만들어지는데 고구마 본래의 단맛을 살려주고 소주를 부드러운 맛으로 변화해주는 특성이 있다고 한다.

소주를 만들 때 사용하는 물은 삼나무 수조에 저장 후 사용하는데 단열성과 항균성이 뛰어나 온도를 일정하게 유지하며 소주에 최적화된 연수로 바꿔주는 효과가 있다고 한다.

30여 분의 견학 시간 내내 열정적으로 설명을 해주셨던 메이지구라 담당자. 좋은 시설과 전시물보다 사람이 훨씬 더 중요하다는 진리를 다시 일깨워준다.

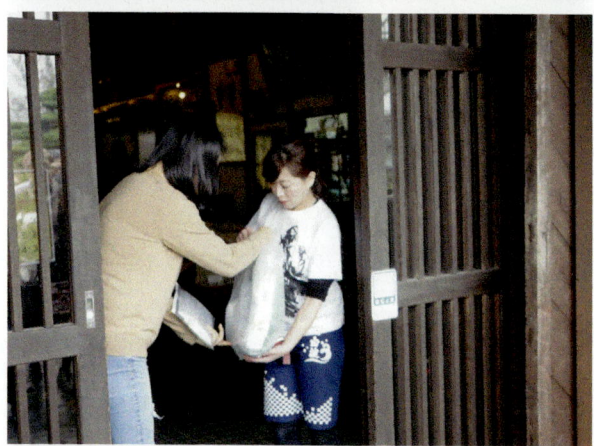

메이지구라 양조장의 한정판 소주라고 한다. 대부분의 소주는 무료 시음을 할 수 있는데 8년 숙성의 한정판 소주는 유료시음이다. 750mL 1병에 대략 78,000원 정도, 잔술은 5,000원 정도다. 참새가 방앗간을 지나치지 않듯 잔술을 마셔 보았다. 풍미와 목 넘김이 일품이었다. 1병 구매하고 싶었으나 이미 구매한 술이 많아 세관 통과가 걱정되어 포기했다.

국내의 양조장들이 운영하는 체험장이나 판매장에서도 무료시음과 함께 고가 술의 경우 잔술이나 미니어처 판매 등과 같은 방식을 응용했으면 하는 생각이 들었다. 식품은 직접 먹어 본 사람만이 그 가치를 알아주기 때문이다.

이곳은 술과 관련한 다양한 볼거리, 먹거리를 제공하는 곳이다. 6차산업의 전형이라 할 만한 곳이다. 양조장과 박물관, 시음장과 판매장 그리고 레스토랑을 운영하고 있다. 우리나라 농촌 지역의 6차산업 현장과 차이라면 이곳은 매장을 비롯해 모든 공간이 견학하는 사람을 위해 효율화되어 있고, 잘 정리되어 있다는 점을 꼽고 싶다. 한마디로 고객을 맞을 준비가 잘 되어 있다는 것이다.

방문하면서 한국서 미리 준비해간 기념품을 드렸더니 견학을 끝내고 나오자 답례품을 주신다. 파는 사람과 사는 사람의 관계를 넘어선 매우 기분 좋은 상호 존중의 느낌이 들었다.

레스토랑 2층에서 바라본 메이지구라 양조장의 전경

메이지구라 양조장에서 운영하는 레스토랑으로 고구마소주와 고구마 맥주를 무료로 제공한다. 고구마소주는 양조장의 대표 소주 3종을 마실 수 있도록 준비가 되어 있고, 고구마 맥주는 고구마와 효모균에 따라 각기 다른 3가지 색과 맛을 보여 준다.

일본의 농가 레스토랑에서 느끼는 의문은 현지인들이 일상적으로 이용하는 식당이 아닐 듯 한데 메뉴가 다양하다는 점이다. 물론 우리 일행과 같이 단체로 오는 경우는 사전에 메뉴를 정하고 오기 때문에 상관이 없지만 3~4명 가족 단위로 오는 경우는 메뉴를 고를 수 있어서 좋은 것 같다. 서울 근교의 몇몇 곳을 제외하고는 대부분 1-2가지 메뉴로 운영되는 우리 농가 레스토랑과는 다른 느낌이다. 좀 더 전문적인 식당 같다는 생각이 든다. 그 운영 노하우를 알아보고 싶었다.

사츠마 무소 양조장 無双蔵
-고구마소주 제조 및 판매장
https://satsumamusou.co.jp/

한국어로 설명을 해서 우리 일행을 깜짝 놀라게 한 담당자. 일본 특유의 한국어와 시종일관 미소 짓는 모습이 무척 귀여운 분이었다. 우리는 설명을 들은 후에 한참 동안 이분의 말투를 따라 하는 놀이를 했다. 이 또한 여행의 색다른 재미다.

사츠마 무소(무쌍) 양조장은 가고시마 소주의 전국화를 위해 가고시마현 주조 협동조합 산하 각 업체의 협력에 의해 1966년 설립되었고, 2005년 무쌍 판매점을 오픈하였다. 「무쌍」은 "가고시마에 둘도 없는 소주 '라는 뜻으로, 가고시마현에서 일반인들을 대상으로 이름 공모를 하여 정한 것이라고 한다.

우측 사진의 저장 탱크는 출하할 고구마 소주를 저장하는 곳으로 대략 750mL 병으로 75만 병 정도가 저장되어 있다고 하니 엄청난 규모다. 꽤 큰 규모의 소주 공장임을 알 수 있다.

이곳은 소주 만드는 과정을 좌측의 사진처럼 긴 복도를 걸으면서 유리창을 통해 볼 수 있게 되어 있었다. 독특한 구조의 견학을 위한 건물이 인상적인 곳이다. 이미 메이지구라 양조장에서 고구마 소주의 제조 과정을 충분히 견학하고 온 터라 흥미가 덜했지만 안내해 주신 분의 일본식 한국어와 시종일관 잃지 않는 미소에 즐거웠다.

소주 양조장 두 군데를 다녀보니 업체마다 각기 장단점이 있어 지루하지는 않았지만 좀 더 작은 도가를 섭외했더라면 하는 아쉬움이 남았다. 보여주는 것만 봐야 하는 것의 한계가 느껴졌기 때문이다. 2일 차에 들렸던 후쿠야마 식초 양조장처럼 가내 수공업적인 특성이 있는 곳은 자세히 둘러보고 필요한 것들을 얻을 수 있는 나름의 수확도 있기 때문이다. 직접 제조장과 여러 이야기를 통해 배울 것들도 많았으리라.

일본 가고시마에서 고구마소주를 만들 때
주로 사용되는 대표적인 고구마 품종

황금천관
소주와 전분의 원료로 육종 개발된 품종.
고구마 특유의 통통 부드러우며 질리지
않는 맛이 특징.

백풍 고구마
껍질과 육질의 색이 백색. 전분 함량이 높
은 품종. 깔끔하고 경쾌한 향과 맛이 특징.
소주와 전분의 원료로 육종 개발된 품종.
고구마 특유의 통통하고 부드러우며 질리
지 않는 맛이 특징.

홍사츠마
고구마의 왕이라고 할 수 있을 정도로
단맛이 강하고 맛이 좋은 품종. 과일 같
은 향미, 단맛이 특징.

안노 고구마
안노 지역에 전해지는 안노 고구마. 당도
가 높아 인기 있는 품종. 감칠맛과 농후한
맛, 화려한 향기가 특징.

무쌍 양조장에서 운영하는 판매장은 가고시마에서 생산되는 800여 종의 소주 중 대략 150여 종의 고구마 소주를 판매하고 있다. 위의 사진은 그중 108종의 고구마소주를 한번에 살 수 있는데, 그 가격이 대략 2백6십만 원 정도다. 다양한 술맛을 좋아하는 나에겐 매우 큰 유혹이었다. 결국 미니어처로 10병만 구매하였다.

무쌍 양조장에서는 많은 종류의 고구마 소주를 팔지만 45도, 37도 등 다양한 도수의 소주를 판매하고 있고, 가운데 사진은 1병에 400만 원짜리 소주를 판매하는 등 소주 전문 판매점으로 손색이 없었다. 오늘 2곳의 양조장을 다녔지만 다양한 체험을 원한다면 메이지구라, 술 자체를 원한다면 무쌍을 추천하고 싶다.

참고로 일본 소주 랭킹을 소개하는 사이트가 있다.
http://www.kemunn.com/
일본에 가서 소주를 선물로 사 오고 싶다면 이 사이트를 참고해 보길 바란다.

가고시마 여행의 역 魔猿城
-일본식 튀김 어묵 사츠마아게 체험및 판매장
http://masarujo.jp/

츠케아게(사츠마아게)는 어육을 으깨어 기름에 튀긴 어묵 요리로 튀긴 어묵인 "아게카마보코(揚げかまぼこ)"로 분류된다. 덴푸라(てんぷら), 츠키아게(つきあげ)등으로도 불리며, 으깬 어육에 소금·설탕 등을 첨가하여 모양을 갖추고 기름에 튀긴 것이다. 원형, 사각형 등 모양은 다양하다. 우엉, 오징어, 삶은 계란 등의 재료를 속에 넣어 튀긴 것도 있다.

사츠마 아게의 사츠마는 가고시마의 옛 지명이고 아게는 튀김을 뜻한다. 가고시마식 튀긴 어묵 정도로 이해하면 될 듯하다.

주 재료는 생선살이며 옥수수, 파, 치즈, 양파, 우엉, 오징어 등과 소금, 설탕, 카레가루 등이다.

가고시마현의 대표 음식은 흑돼지 샤브샤브와 고구마소주 그리고 사쓰마아게 등이다.

바다에 둘러싸인 가고시마현은 해산물의 천국으로 생선을 으깬 어육을 기름에 알맞게 튀긴 사쓰마아게가 있다. 옛날부터 가고시마에서는 사쓰마아게도 「츠키아게」라고 불리는 대중적인 음식으로 고구마소주와 좋은 어울림을 갖는 음식으로 현지인들에게 사랑받고 있다.

사쓰마아게(さつま揚げ)는 에도(江戸)시대 후기에 만들어졌다고 여겨지고 있다. 그 기원은 류큐(琉球)요리인 「지키아기」가 「쓰케아게 (사쓰마아게)」로 변한 것으로 보는 설(説)과 막부(幕)말기의 사쓰마(薩摩)지방 영주 시마즈 나리아키라(島津斉彬)가 기슈(紀州)의 "항펜"이라는 생선을 으깨어 찐 식품에서 힌트를 얻어 그 제조법을 이용하여 만들게 했다고 하는 설(説)이 있다. 주된 재료에는 신선한 대구, 매퉁이, 조기, 명태, 정어리 등이다. 이것을 으깨어 소금, 계란, 사쓰마(薩摩) 소주, 조미료를 첨가해서 유채 기름으로 튀기는 것이 사쓰마아게(さつま揚げ)의 특징이다.

모양은 평평한 엽전 모양에서 엄지손가락 정도의 긴 모양도 있고, 속 재료에는 당근이나 우엉을 넣거나, 치즈 맛을 가미한 것이나, 벚나무를 잘라 태워 그 연기로 훈제하는 등 다양한 방법이 있다.

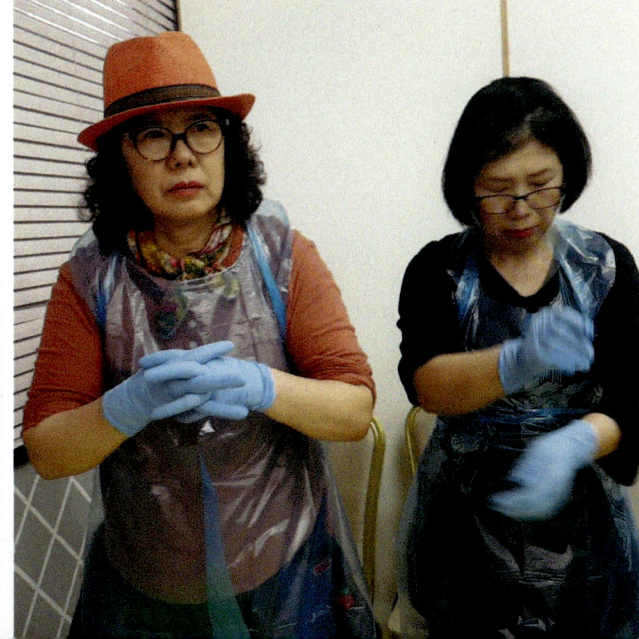

우리가 방문한 이곳 마원성은 소재의 맛을 최대한 살리기 위해 NASA에서 사용하는 동일한 기계를 도입, 무균 상태로 물을 사용하고 있었다. 일반적으로 다양한 부재료를 넣지만, 맛의 비결은 신선한 생선 살과 튀김 기름으로 유채 기름을 사용하는 것이 비법이라고 한다.

또한 중간 도매를 전혀 하지 않고 저렴하고 맛있게 제공할 수 있는 직영 판매만을 고집하고 있다. 어묵을 직접 만들어 보는 체험을 할 수도 있고 "튀김"의 제조 공정을 자유롭게 견학 할 수 있다.

20분 남짓의 체험 시간이지만 무엇인가를 만들어 본다는 것은 그 자체로 흥미로운 경험이다. 게다가 그것이 먹을 것이라면 두말할 필요가 없다. 여행 중 짧은 시간을 내서 체험해 보길 권한다. 만든 사쓰마아게는 튀겨야 하므로 곧바로 가져갈 수는 없었고 저녁 시간에 숙소로 배달해 준다고 한다. 실제 나도 직접 만든 사쓰마아게를 한국으로 가져와 맛있게 술안주로 먹었다.

마원성의 홈페이지에 나와 있는 소개 글이다.
"가고시마 명물 튀김 · 가루칸(전통 과자의 일종) 제조 공장을 견학 할 수 있습니다. 또한 특제 공장 직매 제품 외에도 가고시마의 특산품을 판매하고 있습니다.

1) 제조 직매이기에 제공 할 수 있는 '오리지널'을 즐길 수 있음.
2) 인기 촬영 장소로 추억 만들기 - 관내 전 주차장에 있는 카메라 마크를 찾아보십시오.
　　魔猿城전체를 카메라에 담을 수 있습니다!
3) 바다 역 해변 히라카와에서 식사를 제공 - 사쿠라지마의 웅장한 긴코만에 둘러싸인
　　절경을 보면서 식사를 즐기세요!

전북 고창에서 전통장류 회사인 (영)토굴된장을 부부가 함께 운영하고 계시는 김희순 선생님. 나와는 몇해 간의 친분이 있으신 분으로 평소 조용하시지만, 강단이 있으신 외유내강형이다.
발효 여행 내내 가장 열심히 공부하신 분이며, 함께 여행하면 좋은 파트너가 되실 분이다. 배시시 웃는 모습이 소녀 같은 순수함을 간직하신 아름다운 분이다.

4일째, 여행의 마지막 밤
가고시마 시내 구경 및 야타이무라 방문
http://masarujo.jp/

여행의 마지막 밤은 가고시마 시내에서 보내기로 했다. 귀국 전날은 필요한 물품 쇼핑도 해야 하고 가고시마의 명물인 야타이무라(포장마차촌)도 방문하기 위함이었다.

오전 일정 중에 니치덴 피클 마을 방문이 취소된 관계로 시간에 다소 여유가 생겨서 예정보다 조금 일찍 숙소에 짐을 풀고 삼삼오오 시내 관광에 나섰다.

노면 전차가 텐몬칸도리(天文館通) 역을 중심으로 남북으로 길게 이어져 있는 지역을 줄여서 텐마치(天街)라고 부르고 있다.

남규슈 최대의 번화가로 아케이드로 연결된 상점가에서는 쇼핑, 식사는 물론 저녁에 시간을 보내기 좋다.

시내의 주요 호텔들이 많이 모여 있는 곳이기 때문에 가고시마에서 숙박할 예정이라면 텐몬칸 쪽에서 숙박하는 것이 편리하다.

가고시마시에 도착하자 묘한 안도감이 느껴졌다.
4일 동안 일본 농촌 지역을 돌며 산과 바다, 나무와 바람, 그리고 좋은 분들과 함께한 시간이 지극히 좋았지만 한편 낯섦이 주는 긴장감과 이질감 때문에 편안하지 못했다. 도시의 빌딩 숲과 자동차, 사람들이 만들어 내는 적당한 소음이 나를 진정 시켜준다. 이것은 아마도 익숙함이 주는 평온 같은 것이다. 사실 스스로 항상 궁금했었다. 도시의 번잡함이 싫지만 항상 도시의 익명성에 기대어 안도감을 느끼는 아이러니한 마음의 정체가 무엇인지.

가고시마시에서 가장 인상적인 장면은 궤도열차가 다니는 것이었다. 1930년대의 경성에 2019년의 서울 풍경을 덧대어 놓은 느낌이었다. 가고시마 시내 중심가인 텐몬칸에 있는 숙소에 여장을 풀고 주변 쇼핑몰에서 이번에 새로 맡게 된 대안학교 반 학생들이 생각나 초콜릿과 몇 가지 기념품을 샀다. 이번 여행으로 절대 수업을 빼먹지 말자던 학생들과 굳은 약속을 스스로 저버린 탓이다.

 가고시마시는 전형적인 일본의 중소도시의 모습이다. 기차역을 중심으로 상권이 형성된 중앙광장이 있고 아케이드가 있고 대관람차가 있다. 일본하면 떠오르는 것 중의 하나가 대관람차다. 어느 도시를 가나 대관람차를 볼 수 있기 때문이다. 그 연유가 궁금해 자료를 찾아보니 메이지유신 이후 서양 문물이 들어오는 과정에 1906년 첫 대관람차를 설치했는데 1980년대부터 오사카를 중심으로 간사이 지방에 수많은 대관람차가 유행처럼 만들어졌다고 한다. 일본인들의 대관람차 사랑은 유별난 것 같다.

가고시마 시내 궤도열차 선로와 멀리 보이는 대관람차

가곳마 후루사토 야타이무라
(일본식 포장마차 거리) 屋台村までは
http://masarujo.jp/

한적한 가고시마 시내지만 밤이 되면 반짝이는 조명 아래 핫해지는 야타이무라. 일본어로 '야타이'는 포장마차를 뜻하고 '무라'는 마을을 뜻한다. 25개의 점포가 모여있어 메뉴를 보고 골라 들어가면 된다. 실제 현지인들도 많이 찾는 곳으로 유독 양복을 입은 직장인들의 모습을 많이 볼 수 있다. 직장에서의 고단한 하루의 피로를 풀기에 좋은 장소라고 한다.
지역별로 야타이가 많이 있는데 가고시마의 야타이는 특히 정감이 넘치는 곳이라고 한다.

야타이무라에 있는 가게들은 작은 규모라 한꺼번에 4-5명 이상이 들어가기 어렵다. 물론 좁은 골목길 좌우로 야외 테이블이 있어 굳이 앉자면 가능할 수도 있지만, 우리 일행들은 삼삼오오 짝을 지어 다니기로 했다. 물론 술을 즐기시는 분들은 결국 따로 뭉쳤지만.

야타이무라는 2012년 가고시마의 음식을 알리기 위해 관 주도로 조성한 포장마차 거리로 2015년 리뉴얼했다. 25개의 가게가 있는데 제각기 나름대로 특색 있는 컨셉으로 운영을 하고 있다.

예를 들면 19번 가게 생선회, 21번 가게 닭요리 등 주로 안주가 되는 요리와 작지만, 가게의 분위기 등을 차별 있게 만들어 운영하는 것이다. 흑돼지가 유명한 곳이라 흑돼지 꼬치와 흑돼지 라멘, 그리고 고구마 소주를 판매하는 비중이 많은 편이다.

25곳의 음식점과 1개의 소주바

야타이무라는 뚜렷한 목적과 계획을 세우고 만든 공간이다.

가고시마의 음식과 소주를 널리 알리면서, 도시재생의 일환으로 가고시마 중심 상권을 활성화하기 위하여 만들어졌다. 가고시마의 관문인 가고시마역에 지역 명소를 마련하고 젊은 기업가도 육성하겠다는 취지인데, 가고시마구르메(グルメ) NPO 법인이 운영 주체다.

이 법인에서 언론 홍보, 홈페이지 관리, 이벤트 기획, 입주자 모집, 세입자 회의 주관, 방범 소방 보건 위생 관리, 공용 화장실 관리, 가고시마 관광협회와 JR 규슈 등과 연계하여 재료와 음료 구매에 관여하는 등 운영 전반을 주도하고 있다. 가고시마 당국과 NPO 법인이 이곳의 안정된 운영을 위해 여러 가지 지원을 하는 것이다.

입주 가게와 운영 방법도 독특한데 야타이무라는 운영자를 주기적으로 공개 모집하여 많은 사람에게 기회를 제공하고 있다고 한다. 2012년에 입점한 주점의 3년 계약이 끝났고, 2015년 4월부터는 새로 시작된 2기 야타이무라 포장마차라고 한다.

가고시마 포장마차 야타이무라는 우리나라처럼 리어카로 만들어진 이동식이 아니라 구멍가게 같은 소규모 점포를 모아놓은 곳이다. 마치 드라마 세트장이나 가건물처럼 만들어져 있고, 골목길이 좁아 더욱 왁자지껄한 느낌이 들었다. 손님들은 비좁은 가게 안에만 있는 것이 아니라 작은 테이블을 놓고 골목까지 나와 있다.

인상적인 점은 그다지 크지 않는 면적에 사람과 좁은 골목, 야외 테이블이 어우러져 매우 복잡하지만, 공간을 적절하게 배치하고 매우 깔끔하게 잘 정돈되어 효율성이 높아 보였다.

입구에 설치된 가게 안내도

여행의 마지막 밤은 항상
북적이고 즐겁지만
무언가 아쉬움이 남는다.

이렇듯 야타이무라에는 25곳의 가게가 있는데 요리 종류가 집마다 특색이 있다. 다 돌아보며 맛보고 싶었지만 그럴 순 없어 적당한 한 곳을 골라 일행들과 간단한 식사와 고구마소주를 마셨다.

좁은 가게들이 어우러져 만든 골목길을 따라 놓인 야외테이블에 앉아 말 그대로 망중한을 즐긴다. 내일이면 한국으로 돌아갈 시간이다. 일종의 그런 안도감 탓인지 마음이 느긋하면서도 아쉬움과 함께 어떤 특별한 일들이 내게 우연처럼 생기길 기대한다.

물론 그런 일은 일어나지 않는다. 나와 같이 소심한 사람에게는.

작용과 반작용이라고 했던가! 무언가 일상에 특별한 무엇이 생기길 바란다면 그에 걸맞은 모험이 필요한데 모험이 주는 반작용을 감당할 자신이 없어 번번이 공상으로 끝난다. 그래서 나의 여행은 항상 반쪽이다.

2인 1조로 방을 쓰다가 작지만 1인방을 사용하니 기대하지 않았던 편안함이 있다. 딱히 불편하지 않지만 여행에서 혼자 쉬고 싶을 때가 있는데 딱 그 마음이다. 늦은 밤까지 술을 마시고 잠자리에 들었으나 정신없는 일정에, 즐거운 재잘거림에, 마지막 밤의 아쉬움에 쉬 잠이 오지 않아 맥주 1캔을 더 마시고서야 잠자리에 들었다.

수업시간에 처음 뵈었을 때 차돌멩이 같다는 생각이 들었다. 동갑내기라는 말을 들었을 때는 내심 반가웠다.
쉐프라는 사실을 알았을 때는 친하지고 싶었다. 박은미 선생님은 음식과 관련한 내공이 깊은 고수다. 차돌멩이처럼 내면이 단단하다. 보통 내면이 강한 고수들은 특유의 고집스러움이 있는데 박은미 선생님은 오히려 간혹 허당스러울 때가 있어 인간적인 정이 가는 분이다.
여행 내내 있는 듯 없는 듯하지만 제자리를 꼭 지키시는 분이다.

2019년 3월 22일
──────── 여행의 마지막 날

어느덧 여행 마지막 날,
비행기 시간이 오후 6시 10분이라 시간적 여유가 충분하다. 귀국 당일은 사실 일정을 잡지 않고 체크아웃과 동시에 공항으로 오는 일정이 좋은데 일본에 오는 당일 2시 비행기를 타고 왔다. 그런 이유로 오후 일정이 없었던 대신 돌아가는 날에 첫날의 부족한 부분을 채울 수 있는 여정으로 잡았다.

오늘 일정은 가고시마현의 대표 미술관중 하나인 시립미술관 관람과 흑초의 탄생지라 할 수 있는 후쿠야마 흑초 정보관을 방문하는 것이다.

- 일본 전통 장류 회사 : 등안양조주식회사
- 가고시마 시립 미술관
- 후쿠야마 흑초 정보관
- 귀국

판교에서 비네퓨어라는 발효 공방을 운영 중인 송영미 대표님을 처음 뵌 것은 흐트러진 머리를 하고 가쁜 숨을 내쉬며 상기된 얼굴로 제 강의실에 들어오실 때였다. 초롱초롱한 눈빛이 매력적인 분으로 매사가 열의에 차 있다. 이번 여행에서 가장 놀라운 변신을 보여 주셨다.

대학에서 성악을 전공하신 분으로 가곡도 불러 주시고, 피아노 연주도 들려주셨다. 제주도까지 농가 지노를 하러 다니시는 바쁜 일정 중에도 발효 공부를 게을리하지 않으신다. 항상 씩씩한 모습에 밝은 기운이 넘치는 분이라 누구나 한 가닥쯤 가지고 사는 그 흔한 사연 하나 없어 보인다.

그런 긍정한 기운이 좋다.

후지야스양조(된장, 간장) 藤安釀造
http://www.hishiku.co.jp
鹿児島市谷山港二丁目1番10号

등안양조주식회사는 1870년 창업한 일본 전통 장류 생산업체이다. 된장, 간장, 식초 등 조미료를 제조, 판매하는 식품 회사로 상표 이름은 " 히시쿠 "를 사용한다. 연간 1500킬로리터의 간장, 80만 팩 된장을 판매 하는 전문 장류 업체다. 공장 내부 견학은 가능하나 촬영은 허락이 되지 않아 홈페이지에서 일부 사진을 참고했다.

수년 전부터 우리나라의 경우 식생활의 변화와 함께 전통식품에 대한 젊은층들의 소비가 줄어들면서 전통 장류를 생산하는 많은 농가들이 소득 감소로 힘들어 하고 있다. 비슷한 이유로 일본의 경우도 1960년에는 간장을 만드는 회사가 약 5,000개였던 반면 현재는 약 1,300개 정도로 줄어 들었다고 한다.

이러한 문제의 해결을 위한 노력의 일환으로 다양한 기호에 맞는 장류들을 개발해 출시하고 있다.
어린이를 위한 미소라든지, 단맛을 강화시킨 위의 전 장과 같이 용도별 기능별로 제품을 세분화하여 별도의 섞음 과정없이 요리나 샐러드에 직접 사용하는 제품들이 그런 것들이다.

이 회사의 창업자는 "다이아몬드 아홉'이라는 로고를 만들어 사용하였는데, "9"의 의미는 불안전한 숫자로 10점 만점이 되기 위해 우리는 완전하지 않고, 아직도 부족한 것임을 자각하여 정진하라"는 가르침이라고 한다. 일본인 특유의 장인정신을 잘 보여주는 것 같아 인상 깊었다.

일본식 된장 미소는 명확하지는 않지만 고려나 중국에서 전해진 것으로 알려져 있다. 사용되는 누룩의 종류에 따라서 쌀누룩을 넣은 코메미소, 보리누룩을 넣은 무기미소, 콩누룩을 넣은 마메미소로 분류한다.
가고시마지역을 포함 큐슈지방에서는 주로 보리된장을 많이 먹는다고 하며, 실제 등안미소공장에서도 대부분 보리미소를 생산하고 있다. 일본 전체적으로 80% 이상이 쌀누룩을 발효시킨 코메미소를 먹는다고 한다.

등안양조의 대표 상품 중 하나인 간장의 가장 특징적인 점은 가고시마 특유의 달콤한 진간장 중에서도 단맛이 강한 간장인 "專醬" 이다. 단맛이 강해 요리할 때 별도의 단맛을 내는 설탕 등을 사용할 필요가 없다고 한다.

일본에서는 간장을 쇼유(醬油)라고 부르며, 일본간장은 크게 다섯 가지로 분류한다.

진간장(こいくち醬油 코이쿠치 쇼유) 일반적인 간장으로, 일본간장 생산의 80%를 차지한다. 콩과 밀이 거의 비슷한 비율로 들어간다.

연간장(うすくち醬油 우수쿠치 쇼유) 코이쿠치 간장보다 더 짜고 색이 엷다. 아마자케가 들어간다.

타마리간장(たまり醬油 타마리 쇼유) 밀이 거의 들어가지 않고, 콩으로만 만든다. 미소 된장의 발효 과정에서 만들어지는 액체 장이다.

백간장(白醬油 시로 쇼유) 타마리 간장과 반대로, 거의 밀로만 만든다. 색이 엷고 단맛이 난다.

재숙성간장(さいしこみ醬油 사이시코미 쇼유) 소금물 대신 코이쿠치 간장을 써서 생산한 코이쿠치 간장이다. 색이 더 짙고 맛도 더 진하다. 단간장(甘露醬油 칸로 쇼유)으로 부르기도 한다.

이번 여행에서 막내 역할과 전예원 선생님을 도와 통역 역할을 너무 잘해주신 김수지 선생님은 전통주를 사랑하시는 정통 주당파다.
일본에서 패션전공을 하시고 한국에서 패션 회사를 운영하시다 전통주와 사랑에 빠지셨다. 우리 술을 만들고 보급하는 일에 관심을 갖다 실제 주류회사에 근무한 경력도 있으신 멋진 분이다. 40대 후반의 나이가 무색하게 엄청난 동안이고, 그에 걸맞게 여행 내내 이쁨 담당이셨다.
4박 5일간 짧은 시간이지만 일행 모두 김수지 선생님 특유의 재기발랄함과 영혼의 자유로움에 매료되었다.

가고시마시립미술관 鹿児島市立美術館
https://www.city.kagoshima.lg.jp/artmuseum/

가고시마 시립 미술관(일본어: 鹿児島市立美術館 가고시마시리쓰비쥬쓰칸)은 일본 가고시마현 가고시마시 시로야마에 위치한 미술관이다. 사쓰마 번주 시마즈 가문이 거주한 성이었던 쓰루마루죠 제2성 유적 터에 세워진 미술관으로 주요 컬렉션은 지역 연고 작가들의 작품과 인상파에서 현대까지 서양 미술의 흐름을 소개하는 전시 하고 있어 시간을 내서 꼭 들려 볼 만한 곳이다.

인상파를 대표하는 모네의 수련과 세잔의 유채화 등으로부터 르누아르, 피카소, 칸딘스키, 앤디워홀, 세잔, 로댕, 샤갈, 달리의 작품 등을 고루 소장하고 있고 특히 가고시마의 상징인 사쿠라지마섬 주제로 한 회화 컬렉션과 가고시마 출신 작가들의 작품을 전시하는 등 미술관의 특징이 뚜렷한 곳이다.

전시실은 총 7개로 제1전시실은 가고시마 출신 일본 화가의 작품, 제2전시실은 서양 미술 컬렉션, 제3전시실은 아르누보 유리 공예로 에밀 갈레와 돔 형제 작품만을 전시하고 있다. 지하로 이어지는 제4전시실은 안데스 지역 선사 미술품, 제5전시실과 제6전시실은 사쓰마 도자기를 제7전시관은 특별전이 열리는 곳이다.

미술관에서 구입한 소장품 도록

칸딘스키, 1941, Zwei Schwarz, oil on canvas, 116.0cm*81.0cm

피카소, 1943, Tete de Femme
oil on cardboard mounted on canvas, 66.0cm*50.0cm

달리, 1933, L'heure Triangulaire,
oil on canvas, 62.3cm*47.9cm

뒤뷔페, 1961, Le Noctamblue,
lithograph on paper,
63.5cm*45.5cm

이 미술관은 1700점가량의 예술품을 소장하고 있는데 시립미술관의 2층 상설 전시관에는 쿠로타 세이키, 후지시마 타케지와 같이 일본 근대 회화의 아버지로서, 이곳 출신인 화가들의 작품과 함께 근대 서양화 발전에 기여한 일본 화가들의 회화가 전시되고 있다. 가고시마시의 도시 규모보다 매우 큰 미술관이 생긴 이유는 일본 근대회화에 중요한 역할을 한 작가 중에 이 지역 출신들이 많기 때문이라고 한다.

활화산인 사쿠라지마섬을 주제로 한 작품을 별도로 전시하고 있다. 이처럼 그 지역을 대표하는 자연적 소재를 기반으로 하는 다양한 관점의 회화 작품을 전시하는 것은 그 지역을 사랑하는 마음과 연결 지어져 매우 인상적이었다.

시립미술관의 2층 상설 전시관에는 쿠로타 세이키, 후지시마 타케지와 같이 일본 근대 회화의 아버지로서, 이곳 출신인 화가들의 작품과 함께 근대 서양화 발전에 기여한 일본 화가들의 회화가 있다.

이 미술관의 작품 중 가장 눈길을 잡아끄는 것은 사쓰마야키(薩摩燒)라는 과거 가고시마 지역의 도자기인데 역사의 맥이 임진왜란 당시의 한반도와 연결되어 있다.

"현재 이 사쓰마 도자기를 만드는 이들은 정유재란 때에 전라도 지방을 초토화했던 17대 사쓰마 번주, 시마쓰 요시히로가 일본으로 끌고 간 조선 도예공의 후손들이라고 한다. 1598년 남원성이 잿더미가 되자 80여 명의 도공은 바로 이 시마쓰에게 붙잡히게 되는데 조선의 도공들은 약간의 흙과 유약만을 가지고 끌려갔다고 한다. 이들을 태운 시마쓰 부대의 선박은 조선 수군의 공격까지 받게 되어 항로를 이탈한 후, 구사일생으로 일본 가고시마의 구시키노 해변에 도착하게 되어 갖은 고생 후에 정착하게 되었다.

일본인들은 도공들을 잔인하게 끌고 갔지만, 전쟁 당시 끌려간 선진 도자기 기술을 보유하고 있던 조선 도공들은 사쓰마로 끌려와 일본도자기의 대명사인 사쓰마 도자기를 일으켰고 일본인 특유의 장인정신을 결합해 세계에 이름을 알리는 도자기를 만들어낸 것이다. 지금도 가고시마현에는 도자기를 굽는 가마가 80여 개나 된다고 한다. 이 사쓰마 도자기는 1867년의 파리만국박람회에 출품되어 주목을 받았다.

특히 지금까지 15대 심수관(沈壽官)으로 연결된 심수관 집안은 일본 도자기 중에서 최고로 꼽히는 사쓰마 도자기의 중심에 있고, 심수관 가문의 1대조인 심당길은 조선에서 불씨를 가지고 오지 못한 것을 힁싱 애석하게 생각했다고 한다. 그래서 그는 후손들에게 고향, 남원의 불씨를 가져오라는 유언을 남겼고 무려 400년의 세월이 흐른 후, 그 유언을 제14대 심수관이 이루었다고 한다.

15대까지도 같은 조선 이름을 사용하고 있는 이 가문은 개인사의 곡절을 뛰어넘어 장인의 '혼'과 인간승리를 느끼게 한다." 자료출처 : 오마이뉴스, 노시경

심수관요의 도자기 작품들, 심수관요는 심수관이라는 명인의 이름을 그대로 세습하였고, 현재는 15대 심수관이 이곳을 책임지고 있다. 일정상 방문을 할 수는 없었지만, 가고시마 시립 미술관에서 그 자취를 만나게 되어 더욱 각별한 느낌이었다.

미술관 로비 천정은 사츠마도자기의 공법을 살려 만들어져 매우 특별한 작품이라고 큐레이터가 강조해 설명해 주었다.

꽃 그리는 女子 김영숙 선생님은 가슴 속에 '흥'이라는 활화산을 품고 사시는 분이다.
선생님을 잘 모르시는 분들도 그분의 끼를 보는 순간 팬이 되고 만다. 그 끼가 그림으로 춤으로 쉼 없는 공부로 발산되시나 보다.
고창에서 낭만 농부라는 이름으로 사시며 창작 작업과 그림 수업을 하시고, 남편분은 시를 쓰시며 사람들 속의 인문학 공방을 운영하실 계획을 세우고 계신다.

사카모토 흑초 정보관 坂元のくろず「壺畑」情報館
http://www.tsubobatake.jp
가고시마현 기리시마시 후쿠야마쵸 후쿠야마307

어느 틈엔가 김덕업 선생님이 어디선가 여러 장의
네 잎 클로버를 찾아오셔서 한 장 주신다.

여행지에서 급작스레 만난 네 잎 클로버...
어쩐지 신박한 생각이 들어 사진을 찍어 보았다.

범인의 눈에는 잘 안 보이는 것이 비범한 선생님
께는 저절로 안기나보다.

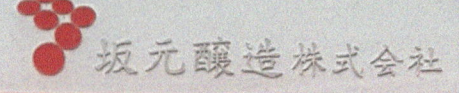
坂元醸造株式会社

坂元のくろず「壺畑」

情報館 & レストラン

인구 약 7,000명인 후쿠야마정에는 모두 8만여 개의 흑초 항아리가 있다고 한다. 이 중 5만2000개를 보유한 사카모토(坂元)양조는 1805년 창업하였다. 지금은 '건강식품'으로 각광을 받게 된 후쿠시마 흑초를 일본 전역에 알린 공훈자이기도 하다.

사카모토 양조장은 현재 8대 사카모토씨가 운영하고 있고, 아버지인 7대 사카모토씨가 쿠로츠 즉 흑초라는 단어를 처음으로 명명하고 사용했다고 한다. 그전까지는 그냥 현미 전통 항아리 식초라 했는데 이를 흑초라고 상표등록을 하였다. 이곳 후쿠야마 마을 기업에만 흑초란 용어를 사용하도록 허용하고 있다.

약 200년의 역사를 가지고 있는 후쿠야마의 흑초 양조는 예로부터 조정에 바치는 상납미의 집적지로 쌀이 흔했고 온난한 기후와 풍부한 지하수 덕에 한때는 수십 개의 식초 양조소가 성업하였다. 그러나 제2차 세계대전으로 쌀 부족과 더불어 합성 식초가 등장하여 사카모토 양조 한 군데를 빼고 모두 폐업해 버렸다. 이런 후쿠시마 식초를 부활시킨 인물이 사카모토 양조 사카모토 아키오(坂元昭夫) 회장이다.

큐슈대 의학부를 졸업한 뒤에는 약국을 개업한 뒤 아버지가 집 뒤뜰에서 만든 현미 식초를 약국에 진열하고 고객에게 권했다. 그런데 식초를 마신 손님들에게서 "오십견이 나았다" "지병이 좋아졌다"는 소식들이 들려왔다.

의대 인맥을 활용해 식초의 분석을 의뢰했더니 혈액순환 개선이나 콜레스테롤 감소 효과가 있다는 것을 알게 됐다. 그는 오래 담가둘수록 색이 검어지는 특성을 따서 이 식초를 '구로즈'라 이름 붙이고 생산을 확대했다. 구로즈의 효능이 알려져 몇 차례 매스컴에서 '마시는 식초의 건강효과'가 소개되자 주문은 늘어났고, 주변에서 식초 생산을 다시 시작하는 업자들도 생겼다.

아키오 회장은 과학도답게 흑초의 효능과 제조과정을 과학화시키기 위해 기후조건이 다른 도쿄(東京)의 연구실로 보내 발효 과정을 재현해 보려 했지만 되지 않았다. 결국 가고시마의 기후와 재료, 항아리가 만들어낸 것이라는 결론밖에는 낼 수 없었다. 당시 확실하게 말할 수 있는 것은 '구로즈에는 20종류 이상의 천연 아미노산이 들어 있고 이 같은 미생물의 다양한 작용이 효능을 안겨 준다'는 것 정도라고 한다.

그 후로 연구소가 설립되는 등 다양한 과학적 노력으로 최근 몇 년간은 구로즈의 효능을 분석하는 각 대학의 논문이 연간 몇 편씩 쏟아져 나오고 있다고 한다. 사카모토 양조장과 함께 가고시마현은 흑초 붐을 일으키기 위해서 여러 가지 노력을 했다. 국립대학이나 식품종합연구소와 연계하여 흑초에 대한 과학적인 연구 분석 자료를 내놓았다. 홍보관에는 1983년부터 이뤄진 90편의 흑초 연구 논문 목록을 게시해 놓고 있다.

흑초는 한국과도 인연이 깊다. 사카모토 양조의 항아리 5만2000개 중에는 200년 전부터 물려 내려온 사쓰마야키(薩摩燒) 1,000여 개가 있다. 조선 도공의 후예들이 빚었다는 항아리다. 한국 삼천포 근방에서 사 왔다는 항아리도 1만 개가량 있다고 한다. 그러나 지금은 한국 내에서 전통 제법에 의한 옹기를 만드는 곳이 사라져 대부분 중국에서 들여온다고 한다.

사카모토 양조는 흑초의 활용도를 높이기 위해 휴대용에서부터 음료용까지 다양한 상품을 개발하고 있다.

초밥용, 드레싱용 등 흑초를 활용한 여러 가지 요리법도 책으로 출간하였고, 캡슐형 제품, 분말 식초 등 건강기능성 상품까지.

식초의 응용과 활용에 관한 종합 백화점 같은 상품화의 노력이 돋보이는 곳이다.

우리나라의 식초 산업이 가야 할 방향을 미리 보는 것 같다. 정일윤 대표님의 말씀에 따르면 4년 전 이곳을 방문했을 때와 비교해 보면 상품의 다양성이 늘었다고 한다.

아무리 좋은 식초도 결국 먹지 않으면 소용없을테니 식초 상품의 가장 큰 걸림돌인 음용이 쉽지 않다는 문제를 다양한 방법으로 해결하고자 하는 시도가 여러 상품에서 보였다.

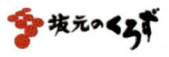

기존의 사카모토 양조에서는 건강 기능성 식초를 중심으로 생산과 판매를 하고 있으며, Kuruzu Farm을 통해서는 흑초를 사용해서 만든 음료, 드레싱, 잼을 생활에서 쉽게 즐길 수 있는 다양한 제품으로 생산 판매하고 있다.

이곳에서 출시되고 있는 상품의 변화 과정을 볼 때나 작년에 오사카에서 방문했던 식초 음료 판매점 옥스허츠에서 느꼈던 것처럼 미래의 식초 산업은 결국 상품화 과정을 통해 실마리를 찾아야 한다는 결론에 도달했다.

| 흑초 음료 8종 | 흑초 드레싱 7종 | 흑초 소스 6종 | 흑초 디저트 소스 6종 | 흑초 향신료 1종 |

| 흑초 조미료 3종 | 흑초 피클 4종 | 흑초 잼 8종 | 흑초 과자 | 흑초 시리얼 |

정보관을 지나서 밖으로 나오면 흑초 레스토랑과 멀리 사쿠라지마 활화산을 배경으로 넓은 항아리 밭(츠보바다케)이 보인다. 항아리는 크게 세 부류로 나뉘는데 항아리 뚜껑 아래 비닐이 덮여있으면 숙성 중인 것이고, 종이가 있으면 발효 중인 것, 아무것도 없으면 비어 있는 것이라고 한다. 식초를 담았던 항아리는 초산균이 살고 있어서 가볍게 물로만 세척해 재사용한다고 한다.

이곳에만 1만2천여 개의 항아리가 있다고 하니 식초의 상태를 매일 점검하는 분들은 위의 사진처럼 트럭을 타고 이동하면서 관리를 하신다고 한다.

정보관에서 운영하는 흑초 레스토랑은 아쉽게도 이용하지 못했다. 둘째 날 가꾸이다 흑초 레스토랑에서 점심 식사를 하였는데 그곳과 비교해 보고 싶었으나 이미 점심을 먹고 온지라 다음을 기약하였다.

개인적인 느낌이지만 가꾸이다 흑초 정보관이 보다 상업적인 느낌이라면 이곳은 비교적 그런 느낌이 덜한 편이다.

하지만 각기 특성이 있어 두 곳 다 방문해 볼 것을 권한다.

항아리 밭과 흑초 음식 레스토랑의 모습

이번 가고시마 발효 예술기행을 통해 총 3군데의 흑초 회사를 방문하였다. 인증받은 11곳의 업체 중에서 규모에 있어서 1, 2위 업체와 소규모의 회사까지 돌아 보았다.

사카모토 양조와 가꾸이다 양조는 명성 그대로 일본 6차 산업의 전형이라 할 만큼 잘 구성되어 운영되고 있어 보였다. 비교적 소규모였던 후쿠야마 양조는 가족 중심의 작은 기업으로 주로 생산 중심의 업체였다. 견학을 받기는 하지만 전문적으로 운영하기엔 다소 무리가 있어 보였다.

이번 견학을 통해 콘텐츠의 힘을 다시금 생각하게 되었다.

외형상으로 가고시마 흑초가 유명해진 데는 200년의 전통, 활화산 사쿠라지마섬을 배경으로 놓인 8만여 개가 넘는 항아리, 3년 숙성된 깊은 맛의 흑초, 독특한 복발효 제법, 흑초 전문 매장과 레스토랑이 결합된 6차 산업화 등을 꼽을 수 있겠다.

그러나 다양한 흑초 요리 레시피 개발, 흑초의 유용성을 과학적으로 검증하기 위한 노력, 지리적 표시제에 의한 보호, 흑초의 상징처럼 여겨지는 항아리의 다양한 활용과 스토리의 개발, 소비자의 기호에 따른 다양한 상품의 개발과 보급 활동, 상품화의 노력 등 콘텐츠 개발과 확장에 대한 지속적인 노력이 없었다면 결코 흑초가 세계적인 식품의 반열에 오르지 못했을 것이다.

역시 음식은 맛과 건강함을 기본으로 복합적인 문화로 판다는 것을 사카모토 양조가 잘 보여 주고 있다.

우리가 단체사진을 찍는 이유는 함께 했다는, 함께 하고 있다는 존재의 증거이기 때문이다. 또한 내가 이곳에 있다는 것은 일상 속의 내가 부재임을 즉, 여행을 와있음을 말하는 것이기도 하다. 여행의 단체사진이 특별한 이유다.

사진 속의 표정과 몸의 동작을 자세히 살펴보면 여행을 느끼는 스스로들의 특별한 재미가 엿보인다.

제아무리 멋진 풍경과 마음을 울리는 작품 앞에서도, 심지어 차창에 머무는 빗방울이 꽃잎으로 피어난다고 한들 이소라의 '바람이 분다'를 함께 들을 친구가 없다면 그런 여행은 정말 외로운 거다.

서울로 가는 길
17시 30분 가고시마공항 ~ 19시 35분 인천공항 도착

가고시마 공항에서 출국 준비

인천공항 도착

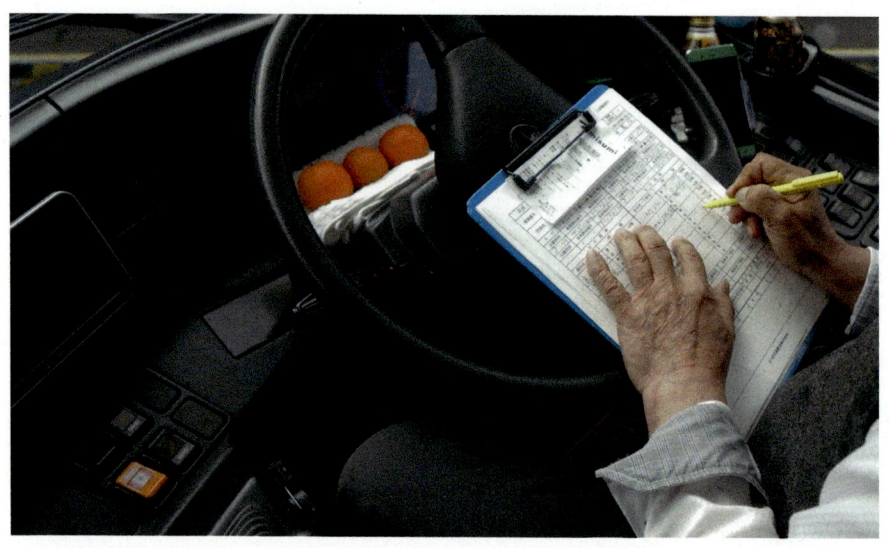

돌아와 책을 쓰고 있는 지금 남는 것은 사진뿐이다는 말이 새삼 진리임을 깨닫는다. 사진 편집을 위해 한 장씩 넘겨 보니 그 순간의 느낌들이 섬광처럼 지나간다. 그리고 고맙고 감사한 이들이 너무 많다.

서로의 불편함을 유쾌함으로 바꾼 모든 이들의 마음 씀씀이에 감사하고, 사전 예약부터 스케줄 관리에 신경을 써 주신 일본 여행사 사장님과 실질적인 리더 역할을 해주신 전예원 선생님께 마음 깊이 감사함을 전한다. 열심히 통역을 도와주신 김수지 선생님, 왕 언니임에도 긍정의 기운을 널리 뿌려 주신 김덕업 선생님, 꼼꼼히 일지까지 기록하시며 안전운행을 해주신 기사님, 열심히 사진기록을 담당해 주신 자올방 박은희 선생님, 번거로운 돈 관리를 세탁기처럼 깔끔하게 해주신 이영미 선생님, 일행들 건강 챙기시느라 정작 견학이 진료 활동이 된 김두엽 선생님께 특히 지면을 빌어 감사의 말씀을 드린다.

현지 사정으로 방문하지 못한 곳이 2곳이 있었다. 니치덴 츠케모노(일본식 절임, 일종의 피클) 마을은 휴무일의 변경으로, 베렐발레프라하&GEN(소주 양조장 및 흑돼지 양돈장, 코지 견학)은 구제역 때문에 일정이 취소되었다. 특히 베렐발레프라하&GEN베렐은 일본 누룩인 코지에 대한 다양한 정보를 얻을 수 있는 곳이어서 기대가 컸으나 다음을 기약할 수밖에 없었다. 간략한 정보를 남기니 혹시 방문 기회가 된다면 참고하시길 바란다.

1. 니치덴츠케모노 마을 ニチデン漬物の里 , http://www.sunus.co.jp/
2. 배럴발레프라하&ＧＥＮ バレルバレープラハ&ＧＥＮ , http://praha-gen.com/

이번 발효 예술기행을 통해 방문한 곳은 모두 15곳이었다.
보다 자세한 정보를 원한다면 게재된 홈페이지를 참고하시길 바란다.

1. 기리시마 아트의 숲 霧島アートの森 , https://open-air-museum.org/en/
2. 가쿠이다 후쿠야마 흑초정보관 桷志田・福山黒酢 , https://www.kakuida.com/
3. 후쿠야마 식초 공장 견학 ヤマシゲ福山酢 , https://fukuyamasu.co.jp/
4. 야네단마을 강연및 식사 柳谷集落 , http://www.yanedan.com/
5. 일본 전통 문화 체험 http://kapic.jp/enterprise/gaikoku/kensyuu/
6. 아시아태평양 전통 문화관 관람 http://www5.synapse.ne.jp/minzokukan/
7. 이부스키 온천 검은모래찜질 指宿温泉 , http://www.ibusuki-seaside.co.jp/hotspring/
8. 마르스 츠누키 증류소(위스키) マルス津貫蒸留所 , https://www.hombo.co.jp
9. 메이지구라 양조장 薩摩酒造「明治蔵」, http://www.meijigura.com/
10. 무쌍 양조장 さつま無双蔵 , https://satsumamusou.co.jp/musougura
11. 사츠마아게 체험및 시식(어묵) 魔猿城 , http://masarujo.jp/
12. 야타이무라(일본포장마차거리) 屋台村までは , http://www.kagoshima-gourmet.jp/
13. 후지야스양조(된장, 간장) 藤安醸造 , http://www.hishiku.co.jp/
14. 가고시마시립미술관 鹿児島市立美術館 , https://www.city.kagoshima.lg.jp/artmuseum/
15. 사카모토 흑초 정보관 견학 坂元のくろず「壺畑」情報館 , http://www.tsubobatake.jp/

Epilogue,,,

위더스위즈덤센터의 두 번째 발효 예술 기행을 다녀온 뒤로 어떤 이야기를 쓰면 좋을지 고민하며 여러 버전의 글을 써보았다. 원래는 가고시마를 발효와 예술 여행의 관점에서 보고 일종의 길잡이가 될만한 글을 쓰고 싶었으나 단 한번의 여행으로 종합적인 가이드북을 만든다는 것의 무모함을 깨닫는 데 그리 오랜 시간이 걸리지 않았다.

또 다른 관점에서 업이 업인지라 앞서가는 일본 농촌의 변화하는 모습들을 국내 농가에 알리는 글을 써 보았으나 농업과 농촌에 대한 내공의 부족이 금방 드러나 포기하였다.

결국 여정을 따라가며 순간순간의 느낌과 방문한 곳에 대한 소개를 중심으로 글을 쓰는 게 좋겠다는 생각이 들었다. 더욱이 함께 여행하신 열여덟 분의 기록이기도 하니 말이다.

인생은 가까이서 보면 비극이고 멀리서 보면 희극이라는 말처럼 여행도 그러하다. 특히 바람따라 흘러다니는 여행이 아니라 일정한 목적을 가지고 여럿이 다니는 것이라면 더욱더 그렇다. 한마음에서 출발하지만 몸이 지치기 시작하면 두 마음이 되고 세 마음이 되며 결국 제각각의 사정이 생기기 마련이다. 그래서 좋은 여행 친구를 만난다는 것은 참 큰 행운이다. 좋은 여행 친구는 취향이 맞아야 하고, 체력적인 측면도 고려되어야 한다.

이번 여행은 40대 후반에서 70대 초반까지 참여하는 연령의 스펙트럼이 넓었다. 그러나 그 차이를 느끼지 못할 만큼 모두 열심히 참여하고 배려해 주셨다. 물론 사람 사는 곳에 어찌 문제가 없겠는가. 사소한 오해로부터, 조금 부족한 배려 때문에 마음 상하는 순간이 있었지만, 그 또한 여행의 즐거움 중 하나일 뿐이라고 생각한다.

벌써 내년 발효 예술 기행이 걱정이고 설레기도 한다. 아마 그런 마음으로 또 1년을 보내게 될 것이다. 이것은 내게 축복이다. 항상 설렘을 갖고 일상의 무게를 견뎌낼 테니까.

2019/06/25 고창 소리의 놀이터에서...

발효 예술 기행 '2019

Kagoshima in Kyushu

2019년 10월 23일 초판 발행
2019년 12월 12일 1판 2쇄 발행

저자 이준호
사진 이준호
일러스트 이유진
편집인 김아람
발행 위더스위즈덤센터
출판처 온(溫)출판사
주소 경기도 고양시 일산서구 호수로817 레이킨스몰1층 148-1호
전화 031-904-5234
출판등록 2018년 01월 23일 (제2018-000020호)

ISBN : 979-11-968242-0-4 03800

이 도서의 국립중앙도서관 출판예정도서목록(CIP)은 서지정보유통지원시스템 홈페이지 (http://seoji.nl.go.kr)와 국가자료종합목록 구축시스템(http://kolis-net.nl.go.kr)에서 이용하실 수 있습니다. (CIP제어번호 : CIP2019040949)